Meditación

Mantras sagrados transcendentales y afirmaciones
poderosas para lograr con facilidad el éxito,
el dinero y la abundancia

Leonardo Sebastian

TABLA DE CONTENIDOS

Introducción 1

Mejora la salud mental 3

La Caverna de Cristales 9

Entre principiantes y expertos 22

LIBRO 30

Cómo sentarse al practicar la meditación 56

La meditación de la filosofía vedántica 65

¿Cómo la meditación puede mejorar la relajación, la tranquilidad y los sentimientos? 80

¿Qué es la meditación Zazen y cómo se puede usar para aliviar el insomnio? 90

Visualización de Color: Guión de Meditación 122

Investir capital 137

Introducción

Todos debemos pasar por el proceso de sanación. Es hora de que descubras el poder curativo de la meditación, ya sea que hayas experimentado un trauma o simplemente tengas estrés constante.

Durante siglos, la meditación se ha utilizado para calmar la mente y curar el cuerpo. La sanación es un término que con frecuencia asociamos con tratamientos médicos y medicamentos. El hecho de que la meditación comparte las tres primeras letras de estas palabras poderosas es algo que olvidamos. Podemos encontrar toda la cura que necesitamos y completar este proceso de manera independiente.

El poder se encuentra en tu mente. Es hora de encontrar un lugar tranquilo y permitir que tu mente fluya libremente si deseas obtener el poder de curarte a ti mismo desde dentro. Los efectos de la meditación pueden incluir la caída en un sueño profundo. Asegúrate de no realizar estas meditaciones en ningún lugar donde pueda quedarte dormido.

Ten precaución al hacer estas meditaciones en público, como en un avión o en el transporte público, y no manejes. Cuando finalmente descubras que este es un buen lugar para hacerlo, no lo intentes hasta que estés seguro de cómo responderás en ese escenario. Se espera que esta meditación te ayude a relajarte y encontrar la paz en ti mismo.

Para mejorar en lo que sea que te estés curando, debes hacerlo repetidamente. También se recomienda que encuentres un lugar específico para realizar estas meditaciones para que tu mente se acostumbre a usar este lugar para relajarse. Esto también puede ayudar en el proceso de sanación si tiene un propósito. Mantén una mente abierta y preparada para permitir la tranquilidad y la relajación en tu vida.

Mejora la salud mental

La meditación también cambia la estructura del cerebro para mejorar el bienestar psicológico. El grosor del volumen cortical o de las células cerebrales es una medida de la estructura del cerebro.

En un estudio de la Universidad de Harvard, los investigadores descubrieron que ocho semanas de reducción de estrés basada en la atención plena aumentan el grosor cortical en el hipocampo y en áreas que controlan el procesamiento autorreferencial y la regulación de las emociones. Al mismo tiempo, el grosor de la amígdala, que regula el miedo, la ansiedad y el estrés, disminuye.

Como resultado, los pacientes del experimento dijeron que su bienestar mental y su felicidad mejoraron. Los pacientes dijeron que se sentían menos estresados y, en general, se sentían mejor con sus vidas y consigo mismos.

En otras palabras, la meditación tiene un impacto en la mente al aumentar la felicidad y la satisfacción.

Además, la meditación mejora la perspectiva y la autoimagen. Más de 4.600 adultos experimentaron una reducción de la depresión como resultado de la meditación de atención plena, según investigaciones. El estrés libera citocinas, un químico inflamatorio, una razón posible de esto. Las citocinas tienen el potencial de alterar el estado de ánimo y causar depresión. La meditación reduce la depresión al controlar el estrés y liberar menos citocinas.

Incluso se ha medido la actividad eléctrica en el cerebro de los meditadores en algunos estudios. El estudio descubrió que las personas que meditan tienen más actividad en los áreas del cerebro relacionadas con el pensamiento positivo y el optimismo, lo que demuestra cómo la meditación mejora el bienestar psicológico.

Concentración mejorada

Además, la meditación aumenta la capacidad de concentración. De hecho, algunos estudios indican que incluso un par de semanas de meditación mejoran la memoria y la concentración.

En un estudio que evaluó los beneficios de la concentración de la meditación, aquellos que meditaron algunas semanas antes del GRE obtuvieron una puntuación general mejorada de 16 puntos. La mayor capacidad para concentrarse en las preguntas y la prueba es la razón de este aumento de puntos.

Por lo tanto, la meditación mejora la capacidad de concentración y enfoque. Este aumento tiene un impacto significativo en la mente porque mejora su rendimiento cuando está bajo presión y prueba.

ayuda a las personas que son adictas a recuperarse

La adicción es una enfermedad cruel que es difícil de controlar, controlar y mantener bajo control. La meditación es una forma en que algunos adictos han aprendido a controlar su adicción. Se cree que la meditación tiene un impacto en las áreas de autocontrol del cerebro, lo que permite a las personas controlar mejor sus impulsos y adicciones.

Los fumadores que meditan tienen muchas más probabilidades de dejar de fumar que los que no meditan, según un estudio. Según este estudio, la meditación es beneficiosa para los adictos porque les permite resistir el deseo hasta que desaparezca.
Otros estudios han examinado la terapia cognitiva basada en la atención plena y la prevención de recaídas basada en la atención plena y han descubierto que la meditación también funciona bien para tratar otras formas de adicción.
Vamos a discutir.

Como hemos mencionado anteriormente, busca un lugar tranquilo y sin interrupciones; deja una luz tenue; ponte una música suave para relajarte; y si te gusta, puedes encender un incienso con un aroma que te agrade. La posición, sentado en una silla cómoda, con las palmas de las manos hacia arriba y sobre las piernas, y la columna recta.

Ya puede meditar; solo necesita que alguien las lea. Puede grabarlos a tu ritmo y con tu voz. Escuchar nuestra propia voz ayuda mucho.

Sin embargo, debes recordar que lo más importante es pasarlo bien, por lo que... ¡que lo disfrutes!

¡Que tengas meditaciones maravillosas!

MEDITACIONES

Te presento algunas meditaciones para que puedas comenzar a practicar. Las pausas se indican con puntos. Mi consejo es que las grabes y les pongas una música de fondo que te relaje para que puedas meditar tranquilamente mientras las escuchas.

La Caverna de Cristales

Medi. Para la mente y el cuerpo.

Para mejorar nuestra salud física y espiritual, esta meditación te ayudará a conectarte con la energía de los minerales que nos brinda la tierra.

Meditación:

Realiza tres respiraciones hondas y profundas mientras inspira y exhala por la nariz.

Al inhalar, llenarás tu cuerpo de oxígeno puro y limpio...Imagina que viene del lugar más hermoso que hayas visto nunca antes...Ese aire tiene un tono violeta....Al liberar tus emociones, tienes la intención de aliviar todas las tensiones.Los pensamientos positivos y negativos, el juicio y tus temores.

Centra tu atención en tu cuerpo y, comenzando por los pies, ves subiendo gradualmente para relajar aquellas partes de tu cuerpo donde notes tensión.

Tu cuerpo se relaja gradualmente....

Respira...

Respira profundamente y relaja todo tu cuerpo y tu mente...

Es un momento agradable, hermoso y encantador...

No hay tensiones, nervios ni preocupaciones; estás completamente relajado.

Estás bien, estás tranquilo....

A continuación, realiza tres respiraciones hondas y profundas inspirando por la nariz y reteniendo el aire durante unos cuatro segundos antes de espirar por la boca.

Tu cuerpo ha permanecido en un estado de calma y relajación, como si hubiera estado parado en el tiempo.Tu respiración se vuelve cada vez más lenta, tranquila y serena.No hay razón para preocuparse...Todo va bien....

Te sientes completamente relajado...

Te encuentras bien...

Una esfera de luz blanca comienza a formarse sobre nuestra cabeza....

Se está volviendo cada vez más grande... hasta que nos envuelva por completo....

Esa esfera, como si fuera un vehículo, nos lleva al mundo exterior...

Exploramos hermosos campos... ríos de agua cristalina y pura... grandes bosques... Valles verdes... Los hermosos mares azules rodeados de espuma blanca... montañas cubiertas de nieve...

La esfera se interrumpe... Ahora nos encontramos frente an una imponente montaña...

La esfera nos coloca suavemente en el suelo....

Una gran grieta que parece dirigirse hacia el centro de la montaña se encuentra frente a nosotros, apenas cubierta por un arbusto.

Como si fuera una invitación... El arbusto se inclina hacia un lado para que podamos avanzar...

Entramos en un ambiente tranquilo y seguro. Estamos completamente solos... junto a nuestra madre tierra...

La temperatura es agradable dentro de la montaña, y sorprendentemente, una luz suave ilumina nuestros pasos.

La grieta se expande gradualmente y la luz se intensifica gradualmente.

Esto nos brinda una gran satisfacción...

Seguimos avanzando... Un espectáculo maravilloso se presenta ante nosotros...

Es una gruta muy grande... y miles de cristales de todos los tamaños y colores crean un arco iris en el lugar.

¡Qué asombroso!¡Qué hermoso!.....

Nos invade una sensación agradable... Todos los cristales que tenemos a nuestro alcance son acariciados por nuestras manos.

Podemos experimentar el amor de la tierra por nosotros mismos... Nos ofrece sus joyas más valiosas...

Respiramos hondo, como si quisiéramos absorber toda la vitalidad que emana de las piedras.

Aprendimos mucho de este momento tan especial...Nuestra esfera se encuentra en este lugar.... ha llegado para tomarnos....

Despedimos con afecto... Gracias a nuestras amigas por las piedras. y regresamos a la esfera para volver a nuestro principio...

Estás atento a tu respiración....

Sentimos nuestro cuerpo...

Vas abriendo lentamente tus ojos....

NATURALEZA Y TI

Med. Para la mente y el espíritu.

Esta meditación te permitirá sentir la energía de la madre tierra, fusionarte con ella y experimentar una sensación de unión con todo.

Meditación:

Realiza tres respiraciones profundas y hondas, inspirando y espirando por la nariz.

Centra tu atención en tu cuerpo y, comenzando por los pies, ves subiendo gradualmente para relajar aquellas partes de tu cuerpo donde notes tensión.

Poco a poco, tu cuerpo se relaja gradualmente...

Respira...

Respira profundamente y relaja todo tu cuerpo y tu mente...

Es un momento agradable, hermoso y encantador...

No hay tensiones, nervios ni preocupaciones; estás completamente relajado.

Estás bien, estás tranquilo...

Repita tres respiraciones hondas y profundas inspirando por la nariz y reteniendo el aire durante unos 4 segundos antes de expulsar el aire por la boca.

Te sientes completamente relajado...

Te encuentras bien...

Permanece tranquilo pero alerta, sin dejarte ir. Deja que tu cuerpo encuentre su lugar....

Observa cómo se relajan todas las áreas donde acumulaste tensión....

Todos los músculos de tu cuerpo se aflojan. Desde los dedos de los pies hasta la cabeza

El cosquilleo que lo rodea es un signo de que está a gusto y relajado.

Permite que tu mente vea el paisaje más hermoso y tranquilo que nunca hayas visto....

Observa cómo caminas a paso lento por un sendero rural....

El verde de las hierbas te rodea....

El sol brilla en el cielo, y sus rayos dorados bañan el campo y tu cuerpo perfecto.

Estás en armonía con el entorno. Observa esa sensación tan agradable cuando el sol inunda tu cuerpo. Es el mismo sentimiento que experimenta el campo....

Observas una suave brisa que con delicadeza acaricia tu rostro, llenándolo de tranquilidad.

A medida que avanzas, experimentas una sensación de pertenencia a las cosas, an este camino rural, al sol, al aire y a tu cuerpo.

Tu caminar por la tierra es suave, tu cuerpo se ha renovado dentro, te sientes ligero y no quieres dañar a la naturaleza, eres parte de ella.

A tu izquierda, puedes ver un caballo pastando en el campo. Es una representación de la tranquilidad, similar a la tranquilidad que experimentas....

Es un caballo alegre y hermoso como tú....

La naturaleza lo protege como lo protege a ti mismo.

Es libre como tú....

Como te observa, se da cuenta de que eres uno con él, al igual que con todo lo que te rodea....

Ahora mira a tu derecha y admira la belleza de unos árboles tranquilos. ¿Cómo es la tranquilidad que invade tu cuerpo en este momento?

Es como si estuvieras en contacto con los árboles, el caballo y el campo que te rodea.

Tienes ante ti una puerta que te invita an abrirla. Abre la puerta y observa el camino que te lleva an un hermoso jardín...

Al avanzar por el camino, llegarás al centro del jardín.

A medida que caminas, puedes admirar la belleza de los arbustos y flores que te rodean. La misma belleza que experimenta tu cuerpo al estar en contacto con ellas...

Observa cómo te invitan a pasar y te dan un asiento entre ellas... tómalo. Sin embargo, mientras te sientas y observas la belleza que te rodea...

Observa las flores... sus hojas... respira su olor. Es evidente que entra por tu nariz y se extiende por todo tu cuerpo. Se siente como cada parte de tu cuerpo se llena de ese olor, lo que te hace sentir tan feliz como ellas...

Observa los insectos y las abejas que zumban por el jardín. Con su estilo de volar, te dicen que también están felices de tenerte allí. Preste atención an ellos y escúchalos. Observa cómo se adhieren a las flores. Además, quieren absorber la fragancia que acaba de impregnar tu cuerpo. También quieren estar contigo....

Aspira a la armonía natural. Escucha y observa cada detalle. Solo así serás consciente de su grandeza. Solo podrás estar en paz siendo uno con ella....

Quédate en este jardín tanto tiempo como quieras. Atraviesa el jardín en dirección a la puerta cuando sientas que ha llegado la hora de regresar. Cierra la puerta detrás de ti. Regresa al camino, pero tómate tu tiempo. Observa los árboles y el caballo mientras regresas, y sobre todo, agradece todo lo que veas mientras caminas. Recuerda tu camino. Regresa a tu cuerpo y empieza a moverse suavemente...

Después de eso, mi voz se ira a pagar por ti, solo quedaréis tú y la naturaleza...

Disfrútala cuanto quieras y no dejes que el ruido del exterior te perturbe mientras descansas.

Espero que este paseo te ayude an encontrar la tranquilidad...

Entre principiantes y expertos

Me tomo un momento para pensar en tu pregunta. Dejo que el sol y la brisa de la primavera me hagan sentir más fuerte.

Después de ese primer tiempo intenso en Sant Hilari Sacalm, desde entonces, mi enfoque ha sido a largo plazo.

Hay dos formas de abordar la autorrealización: a corto o a largo plazo. La maestría es posible en cualquier disciplina. La mayoría de las personas creen que la maestría requiere alrededor de 10.000 horas. En mi opinión, esta proyección temporal es válida en muchos aspectos, pero no concluyente. No significa que estés o alcances la iluminación después de completar diez mil horas de meditación. Sin embargo, sí una maestría o un grado específico que puede ser reconocido como maestría. Para mí, el corto plazo se refiere an una década. Esto implica una vida completamente dedicada, casi como una vida monástica. En contraste, mi perspectiva a largo plazo se refiere an aproximadamente treinta años, en los que la meditación, en mi opinión, fue la herramienta esencial, aunque no fue una dedicación exclusiva.

Cada persona decide cómo caminar. No es mejor ni peor; es diferente y, en cualquier caso, se ajusta a lo que todos necesitamos para vivir. Por lo tanto, mantuve mi "sādhanā" aparentemente típica o estereotipada.

Mientras meditaba, me encontré con muchas personas en mi círculo profesional y social que me preguntaban cómo podía lograr la estabilidad emocional y mental. Casi siempre les dije "por qué medito". A muchas de ellas no les llamaba la atención, sin embargo, algunas de ellas eran más reflexivas y preguntaban. Les hablaba de las ventajas de la meditación y de cómo veo la mecánica cuántica y la filosofía transpersonal juntas. Estos "buscadores" solían pedirme que les enseñara casi de inmediato. Me negué firmemente durante dos décadas. Solía "quitármelos de encima" de manera elegante recomendándoles an un par o tres de los profesores de meditación trascendental que conocía porque sentía que no estaba preparado. Esto funcionó bien hasta que un día hubo una sacudida y sucedió lo inevitable: "basta de eludir tu responsabilidad", dijo la Naturaleza.

Después de muchos años de haber perdido el contacto, un antiguo amigo de la infancia y la adolescencia apareció. Al principio del verano del año 2004, Jordi me contactó y nos encontramos. una reunión en la que mi compañero se encontraba en horas bajas. Arruinado estaba buscando una forma de revivir su vida profesional. Me preguntó sobre la meditación porque estaba desorientado y angustiado. Hací lo que solía hacer y le sugerí que consultara an un profesor. Se puso en contacto conmigo después de que lo conociera. Realizó una inversión, un gasto económico poco común. Continuamos viéndonos mientras él impartía la capacitación. Un día, mientras tomábamos algo en la terraza de un bar cercano a mi despacho en Barcelona, me cuestionó sobre la meditación y la capacitación que estaba recibiendo de un profesor. Por lo tanto, le brindaba comentarios y ampliaba su comprensión. "Te agradezco que me hayas aconsejado ir an este profesor, pero cada vez que hablo contigo, en cinco minutos, aprendo más que una hora entera con él, deberías ¡enseñar tú!", dijo mientras me escuchaba con mucha atención. Le dije de manera concluyente que no tenía interés en enseñar nada. Después agregó la frase que transformó todo: "Te equivocas, tienes un gran conocimiento y no quieres ¡compartirlo!"; hubo un extenso silencio.

Estuve pensando en aquel evento durante dos semanas. Después de la práctica, cada vez que meditaba, sus palabras volvían a mi mente. Otras personas también me lo habían solicitado, pero nunca antes nadie había sido o se había atrevido a ser tan claro y elocuente como Jordi en una época tan vulnerable para él. Por lo tanto, pensé que este podría ser un mensaje de la Naturaleza, y que debería escucharlo y no ser tan obtuso. Y cambié mi perspectiva.

Cuando tomé la decisión de enseñar an otros el arte y la ciencia de la meditación, habían pasado exactamente veinte años. Pero saber mucho sobre un tema no significa necesariamente saber transmitirlo y tener éxito con las personas. Me di cuenta casi de inmediato de que necesitaba un método. Los siguientes diez años fueron un desarrollo de todo mi camino de formación como profesor. Después de este inicio, nació la meditación ejecutiva, lo que me permitió dedicarme a tiempo completo.

Mis conocimientos para ser un profesor de meditación avanzada provienen de dos fuentes: primero, el conocimiento de cómo mi maestro transmitía el conocimiento; y segundo, la convicción de que un maestro debe tener capacidad de innovación y pensamiento científico. Esto me llevó a crear una metodología, probarla, analizar los resultados y mejorarla hasta alcanzar un nivel de excelencia, y luego seguir innovando sin parar.

Un maestro se construye con conocimiento, experiencia y determinación. La manzana cae por su propio peso cuando está madura. No tengo un título académico, pero si una maestría implica conocimientos amplios y profundos sobre una materia, capacidad e instinto de investigación que te permita seguir profundizando y proporcionar herramientas y soluciones para alcanzar metas, creo que estoy en ese lugar.

Después de las semanas que pasamos juntos, mi amigo Jordi se fue y perdí el contacto con él. Quince años después, me contactó y nos encontramos una vez más. Me dijo que la meditación era esencial, así como mis consejos para orientar a los profesionales. Rehízo su vida y tuvo mucho éxito en el trabajo. Cuando nos encontramos de nuevo, me contrató un curso completo de formación en meditación avanzada y me dijo: "Es lo que siempre quise hacer, que fueras tú quien me enseñaras". Además, agregó: "Te debo las gracias por todo lo que hiciste por mí en ese momento; me dijiste que siguiera intentándolo y fue la clave".

LIBRO

La materia del Todo es flexible y adaptable, y la Razón que lo controla no tiene la intención de crear el mal, ya que no contiene ningún mal, no crea nada malo ni se le hace daño, y todas las cosas nacen y se realizan de acuerdo con su naturaleza.

Si estás trabajando en tu propio trabajo, no importa si estás frío o caliente, si estás soñando o descansando lo suficiente, si tu informe es malo o bueno, si estás en el acto de morir o haciendo algo más. Debido a que incluso la muerte es uno de los actos de la vida, incluso en ese momento "aprovechar el presente" es suficiente.

No permitas que se te escape la calidad intrínseca o el valor de ningún hecho: mira lo que hay dentro.

Las cosas que existen experimentarán un cambio rápido: o pasarán a ser vapor, si consideramos que la materia es un todo, o se dispersarán en sus átomos.

La Razón controladora es consciente de su propia disposición, lo que crea y la materia sobre la que trabaja.

No volverse como tu enemigo es el tipo más noble de retribución.

Regocíjense y hagan descansar en una sola actividad: pasar de un acto an otro de compañerismo, recordando a Dios.

El principio rector es el que se despierta y se adapta a sí mismo, haciéndose de la clase que quiera y haciendo que todo lo que le suceda parezca de la clase que quiera.

En cada situación, todas las acciones se llevan a cabo de acuerdo con la esencia del Todo, ya que indudablemente no pueden concordar con ninguna otra esencia, ya sea que las cubra, las encierre o las adhiera.

Otra opción es la unión, el orden y la providencia, o la combinación de átomos y su dispersión. Si es lo primero, ¿por qué deseo tanto agotar mis días en un mundo compuesto por el azar y en una confusión regida por el azar? ¿Por qué me preocupa algo más que cómo puedo "volver a la tierra"? Y cuál es la razón de mi inquietud? No importa lo que haga, la dispersión en átomos me afectará. Sin embargo, si la alternativa es cierta, inclino la cabeza, estoy tranquilo y me animo en lo que ordena todo.

Cuando las circunstancias te obligan an estar de algún modo perturbado, vuelve rápidamente a ti mismo y no te desvíes más de lo que estás obligado, porque serás más dueño de la medida volviendo continuamente a ella.

Si tuvieras una madre y una madrastra al mismo tiempo, esperarías a la primera, pero seguirías volviendo a tu madre constantemente. El palacio y tu filosofía son para ti ahora. Vuelve a ella una y otra vez y establece tu descanso en ella para que esa otra vida te parezca aceptable y tú aceptable en ella.

Es muy recomendable, al disfrutar de deliciosos alimentos, inculcar en su mente la imagen de un pez, un pájaro o un cerdo muerto, así como que el vino de las islas Falkland es jugo de uva y que el manto de lana de un cordero es púrpura y que la relación sexual es el desgaste de una víscera y la expulsión convulsiva de un moco. Estas son sin duda excelentes imaginaciones, penetrando en los hechos reales para ver el tipo de cosas que realmente son. Durante toda su vida, y donde las cosas causen una impresión muy plausible, debe adoptar esta práctica: descubrir su desnudez, ver su baratura, despojarse de la profesión de la que se jactan. El orgullo es un seductor de la razón, y justo cuando uno cree que está ocupado en buenas obras, es víctima de la impostura. Considere lo que Crates dice incluso sobre Xenocrates, por ejemplo.

La mayoría de los objetos que la gente común admira se refieren a los cimientos generales de lo que se mantiene unido por el "estrés", como los minerales y la madera, o por el "crecimiento", como los higos, las vides y las aceitunas. Estos objetos son admirados por personas ligeramente superiores a las cosas que se mantienen unidas por el "espíritu animal", como rebaños y manadas o la propiedad desnuda de una multitud de esclavos; los de Sin embargo, aquellos que honran el espíritu en su sentido completo de racional y político no tienen en cuenta otros objetos, sino que principalmente mantienen su propio espíritu en el ser y la actividad racional y social, colaborando con un compañero para este propósito.

Algunas cosas surgen rápidamente, otras van y vienen, y una parte de lo que está naciendo ya ha desaparecido. El flujo y el cambio siempre renuevan el mundo porque el paso ininterrumpido del tiempo hace que la eternidad sin límites sea siempre joven. ¿Cuál de estas cosas que corren por delante de un hombre debería recibir un gran premio en este río en el que no puede estar de pie?

Cuando ya ha desaparecido de su vista, como si comenzara a poner su corazón en uno de los gorriones que pasan volando. La vida de cada ser humano es tan breve como la salida de un espíritu de su sangre o el aliento de la atmósfera. Devolver todo el poder de la respiración que adquirió ayer o anteayer, al nacer, es lo mismo que extraer un solo aliento a cada momento.

Respirar como las plantas o respirar como el ganado o las bestias salvajes no es algo que se valore, ni se imprime en los sentidos o se atraiga con las cuerdas del impulso, ni vivir en rebaños o tomar alimentos - esto último está a la altura de aliviar el cuerpo de las heces de ese alimento. ¿Qué se debe valorar? ¿Las manos con las palmas? No es seguro; por lo tanto, ni siquiera recibir el aplauso de las multitudes, ya que el aplauso de las multitudes es un aplauso de lenguas. Has dejado de lado la mera gloria como resultado. ¿Qué hay que apreciar? Mi opinión es que debería moverme y ser retenido de acuerdo con la constitución propia del ser humano, el objetivo al que se enfocan tanto las industrias rústicas como las artes. Todo arte se enfoca en esto, lo que representa debe ser apropiado para el propósito para el que fue creado. El jardinero, el viñador, el domador de potros y el adiestrador de perros buscan este objetivo. ¿Cuál es el propósito de la educación de los niños y la capacitación laboral? Por lo tanto, esto es lo que realmente importa, y si esto es correcto, no tendrás que esforzarse por obtener nada más por ti mismo. ¿No apreciarás muchas cosas más además de esto? No podrás ser libre, autosuficiente o desinteresado, ya que tendrás que cultivar envidia y rivalidad, temer an aquellos que puedan quitarte esas cosas y conspirar contra aquellos que poseen lo que valoras. En resumen, aquellos que sienten la necesidad de alguna de esas cosas deben ser despreciados y, con frecuencia, culpar a los dioses. Sin embargo, honrar y apreciar tu propio conocimiento te permitirá ser aceptable para ti mismo, en armonía con tus compañeros y en armonía con los dioses;

es decir, elogiando todo lo que ellos han asignado y establecido.

Los movimientos de los elementos se mueven en círculos ascendentes y descendentes, pero el movimiento de excelencia del hombre no se encuentra en ninguno de ellos, sino que proviene de una manera más divina y en un camino más allá de la búsqueda de su propio progreso.

Considere lo que hacen. Aunque se niegan a mencionar positivamente a los hombres que conviven con ellos, ellos mismos valoran mucho la importancia de mencionar positivamente an aquellos que surgirán después de ellos, a quienes nunca tendrán la oportunidad de ver ni conocer. Sin embargo, esto está por encima de la tristeza porque los hombres nacidos antes que usted no hablaban bien de usted.

No piense que una cosa es humanamente imposible porque sea difícil de lograr para usted mismo; pero si una cosa es humanamente posible y apropiada, considere que también está a su alcance.

En el campo, un jugador puede habernos golpeado con la cabeza o arañado con las uñas en un momento de ira, pero no lo etiquetamos, no le devolvemos el golpe ni sospechamos después de los designios contra nosotros. No obstante, nos mantenemos alejado de él, no como si fuera un adversario ni con sospechas, sino como una fuga de alegría. En otros aspectos de la vida, no debemos ignorar an aquellos que son nuestros oponentes en el juego, ya que es posible evitarlos, pero no sospechar ni odiarlos.

Supongamos que un hombre pueda convencerme de un error y hacerme comprender que me equivoco en el pensamiento o en los actos; me alegraré de alterar, porque la verdad es lo que persigo, y nadie ha sido nunca herido por la verdad, mientras que quien continúa en su propio engaño e ignorancia está herido.

Me dejo llevar por mi propia responsabilidad; no hay nada más que me distraiga, ya que puede ser que no tenga vida, no tenga razón o se haya desviado y no tenga conocimiento del verdadero camino.

Utiliza con un espíritu generoso y libre los animales mudos y las cosas y objetos sin vida, porque tienes razón y ellos no; utiliza a los hombres porque tienen razón, en un espíritu de prójimo, e invoca a los dioses para que te ayuden en todas las cosas. No importa cuánto tiempo paséis haciendo estas cosas; incluso tres horas con este espíritu son suficientes.

Alejandro Magno y su compañero de caballería fueron condenados a la muerte debido a que o bien fueron absorbidos por los mismos principios que alimentan el Universo, o bien se dispersaron sin distinción en átomos.

Considere la cantidad de eventos físicos y mentales que ocurren simultáneamente en cada uno de nosotros en un breve período de tiempo.

Por lo tanto, no es sorprendente que muchos más eventos, o mejor dicho, todas las cosas que suceden, ocurran al mismo tiempo en la única y completa unidad que llamamos el Universo.

Imaginemos que alguien te pregunta cómo escribir el nombre de Antonino. ¿Se animaría an expresar cada uno de sus componentes? Si supongamos que están enojados, ¿también se enojarán ustedes? ¿No enumerarás en voz baja y repetirás cada una de las letras una y otra vez? De la misma manera, recuerda que cada deber tiene su complemento de números definidos en nuestra vida aquí. Si los hombres enfrentan dificultades, no las afronten con dificultades, sino que lleven a cabo lo que se proponen hacer metódicamente. Estos deben mantenerse y no ser molestados.

Prohibir a los hombres actuar según lo que les parezca conveniente y beneficioso es inhumano. No obstante, aunque os molestéis por sus acciones malvadas, no les dais permiso para hacerlo, ya que su comportamiento se ajusta sin duda a lo que les resulta conveniente y beneficioso. Pero en realidad no es así. De acuerdo, instrúyelos y explicalos con claridad; no te ofendas.

La muerte es el reposo de la respuesta de los sentidos, el estímulo del impulso, el análisis intelectual y el servicio a la carne.

Es incorrecto que, en esta vida en la que el cuerpo no se entrega, el espíritu sea el primero en entregarse.

Tenga cuidado de no convertirse en un César, de no caer en la púrpura, ya que eso ocurre. Por lo tanto, debe mantenerse humilde, bueno, puro, serio, sin ambigüedad, amigo de la justicia, religioso, amable, afectuoso y fuerte para desempeñar un trabajo excelente. Lucha por mantenerte como la filosofía te ha querido ser. Reconocer a los dioses y salvar a las personas. La vida es corta; hay una acumulación de la vida terrenal, una organización sagrado y acciones cercanas. En todas las cosas, como un alumno de Antonino; su energía en favor de lo que se hizo de acuerdo con la razón, su ecuanimidad en todas partes, su expresión serena, su dulzura, su desdén por la gloria, su ambición de captar las cosas.

Además, mencionó cómo evitaba cualquier situación sin examinarla minuciosamente y comprenderla claramente; cómo toleraba an aquellos que lo culpaban injustamente sin darles nada a cambio; cómo no tenía prisa por nada; cómo se negaba a recibir calumnias; cómo examinaba minuciosamente el comportamiento y la personalidad de los seres humanos, no se dejaba reprochar, no se alarmaba por los rumores, no sospechaba, no influía en su sabiduría; cómo

El hombre también tenía que permanecer en su posición hasta la noche, ya que tenía una dieta abundante y no necesitaba ni siquiera descansar de la naturaleza excepto en su hora habitual. Además, su perseverancia y armonía con sus amigos, su capacidad para tolerar la oposición abierta a sus creencias y su satisfacción cuando alguien le sugería un camino más adecuado; y cómo honraba a los dioses sin tener superstición. Que tengan una última hora sin reproches, al igual que él.

Vuelve an estar sobrio, vuelve a recordarte a ti mismo y vuelve a dormir. Considera que fueron sueños que te perturbaron, y despierta y observa estas cosas como las observaste.

Tengo cuerpo y espíritu. El cuerpo es indiferente a todas las cosas porque no puede distinguirlas por sí mismo. Y para el entendimiento, todas las actividades que no son sus propias actividades son indiferentes y están bajo su control. Incluso de estas, solo se preocupa por el presente porque sus actividades futuras y pasadas también son indiferentes en el presente.

Siempre que el pie sirva para un pie o una mano, ni el dolor de pie ni el dolor de mano son naturales. A partir de esto, se puede concluir que ni siquiera para un ser humano, en su condición de ser humano, el dolor no es contrario a la

Naturaleza, y si el dolor para él no es contrario a la Naturaleza, tampoco es un mal para él.

Los bandidos, los patriotas, los parricidas y los déspotas disfrutan de qué monstruosos placeres.

¿No observan que los artesanos mecánicos se adhieren a los amantes, pero siguen la regla de su trabajo y nunca se dejan llevar por la improvisación? ¿No resulta difícil que el arquitecto y el médico honren el principio de su trabajo más que el hombre, que comparte con los dioses?

Cada instante del tiempo es un pinchazo de la eternidad; cada mar es una gota en el Universo; el Monte Athos es un trozo de tierra en el Universo; Asia y Europa son pequeños rincones del Universo. Todas las cosas son simples, fáciles de alterar y desaparecen. Las cosas se originan en el otro mundo a partir de ese principio rector común, o son derivaciones secundarias de él. Por lo tanto, incluso las mandíbulas de los leones, el veneno mortal, y todo lo nocivo, como un cardo o una ciénaga, son subproductos de esos principios augustos y encantadores. No creáis que son en contra de lo que adoráis, sino que consideréis la fuente de todas las cosas.

El que ve lo que es ahora ha visto todo lo que ha pasado desde la eternidad y lo que será por tiempo ilimitado. Debido a que todas las cosas pertenecen an una sola especie y tipo.

Observa con frecuencia cómo todos en el Universo están conectados entre sí y cómo se relacionan entre sí. Todas las cosas están conectadas de una manera y son queridas unas por otras debido al movimiento de tensión, el espíritu común y la unificación de la materia.

Ama a los hombres entre los que ha caído tu suerte, pero amalos de verdad, y ponte de acuerdo con las cosas en las que tu porción ha sido arrojada.

Todo instrumento, herramienta y vaso está bien si cumple con el propósito para el que fue diseñado. Sin embargo, el fabricante está fuera de la herramienta en este caso. Cuando las cosas están conectadas por un principio natural, el poder que las hizo está presente y sigue siendo parte de ellas. Por lo tanto, debes reverenciarlo más y pensar que tienes todo en tu mente si estás y sigues siendo de acuerdo con la voluntad de ese poder. De la misma manera, sus pertenencias son relevantes para la mente del Todo.

Si consideras algo que está fuera de nuestra voluntad como bueno o malo, entonces, si caes en ese mal o fallas en ese bien, culpas a los dioses y odias a los hombres que crees que son las causas de tu pérdida del bien o de tu caída en el mal; y en verdad cometemos muchos males por preocupación con respecto an estas cosas, pero si decidimos que solo nuestra voluntad controla el bien o el mal, entonces no queda ningún

Todos trabajamos juntos para un solo propósito, algunos conscientemente y con comprensión, otros sin conocimiento, como dice Heráclito, y incluso "los durmientes son trabajadores y compañeros de trabajo en lo que sucede en el mundo". Uno ayuda de una manera, uno en otra, y en abundancia incluso el que encuentra fallas y trata de resistir o destruir lo que está pasando; porque el Universo tiene necesidad incluso de tal. Por lo tanto, tenga cuidado al tomar tu puesto, ya que en cualquier caso el que controla el conjunto te empleará correctamente y te aceptará como parte de los compañeros de trabajo y de los trabajadores; solo que no te conviertas en tan mezquina como el verso barato y ridículo de la comedia que menciona Crisipo.

¿Reconoce el dios Sol el trabajo del dios de la lluvia o Esculapio el trabajo del dios de la fruta? ¿Y cómo es cada estrella en particular? ¿No están colaborando con el mismo propósito, aunque su provincia es diferente?

Si es así, los dioses me dieron consejos positivos sobre lo que debería ocurrirme, ya que no es sencillo concebir an un dios sin un propósito, y ¿en qué lugar desearían dañarme? ¿Cuál sería el beneficio de esto para ellos o para el bienestar general, que es su principal preocupación? Sin embargo, si no me aconsejaran como persona, lo harían sin duda por el bien común, y como el presente se deriva de ello como consecuencia, me veo obligado an aceptarlo y amarlo. Sin embargo, si no recibimos consejos acerca de nada (lo cual es una creencia malvada, o bien podemos dejar de sacrificarnos, rezarles, jurar por ellos y hacer todo lo que hacemos, creyendo que están presentes y que viven en medio de nosotros), entonces tengo la capacidad de dar consejos a mí mismo y tomar en consideración lo que es beneficioso. La ventaja de cada uno depende de su propia constitución y naturaleza, y mi naturaleza es razonable y social. Mi ciudad y mi patria, como Antonino, son Roma; mi ser humano, es el Universo. Todo lo que beneficia an estas ciudades es únicamente a mi favor.

Todo lo que sucede a la persona es a favor del Todo. Esto debería ser bastante. No obstante, si se presta atención, es común observar que las ventajas que tiene un individuo también benefician al resto de los seres humanos; sin embargo, en este caso, la ventaja debe ser tomada en su comprensión más común de lo que es correcto y equivocado.

Como sucede con las representaciones en el anfiteatro y otros lugares similares, donde siempre hay las mismas escenas y la similitud hace que el espectáculo sea incómodo, también te sientes de la misma manera sobre la vida en general, ya que todo es igual y sigue el mismo patrón. ¿Qué tan largo será el plazo?

Tu pensamiento se reduce a Filisteo, Febo y Orígenes porque piensas constantemente en la muerte de hombres de todas las razas, persecuciones y naciones. Ahora se dirige a los hombres de las demás clases. Es nuestra responsabilidad transformar ese mundo alternativo, donde se encuentran tantos oradores misteriosos, tantos filósofos serios, como Heráclito, Pitágoras y Sócrates; así como tantos héroes de antaño, capitanes y reyes de épocas posteriores. Además de estos, hubo otras naturalezas agudas, grandes mentes, trabajadores, pícaros, hombres voluntariosos, como Menipo y todos los de su clase, así como Eudoxus, Hiparco y Arquímedes. Es evidente que fueron creados hace mucho tiempo. ¿Por qué fue aterrador para ellos, por qué fue aterrador para aquellos cuyos nombres no se saben? Una cosa aquí es de gran valor: vivir la vida con la verdad y la rectitud, siendo amable con los mentirosos y los injustos.

Pensa en los méritos de aquellos que viven contigo, como la energía de uno, la modestia de otro, la generosidad de un tercero o algún otro don, cuando quieras sentirte feliz. Debido a que las imágenes de las virtudes que brillan en el carácter de los contemporáneos, y que se reúnen en la medida de lo posible en un grupo, nada es tan alentador. Como resultado, debe mantenerlas a su disposición.

Seguramente no te sientes insatisfecho por el hecho de que solo pesas unos pocos kilos en lugar de trescientos. ¿Además debido a que tu edad es limitada? Tus días son igual de satisfactorios como la cantidad de materia que se te ha asignado.

Con el fin de persuadirlos, intente actuar a pesar de su falta de disposición, siempre y cuando la regla de la justicia lo requiera. No obstante, si un individuo emplea la fuerza para oponerse, debe cambiar su objeto de resignación y libertad de un sentimiento actual de perjuicio, y emplear la oposición para inducir en usted una virtud distinta. Recordad que habéis salido con una reserva en mente y que no habéis apuntado a lo imposible. ¿Cuál era su propósito? Un objetivo que cuenta con una reserva. Sin embargo, lo logras; nuestra meta se logra.

El que disfruta de la gloria cree que la acción de otro es su propio bien; el que disfruta del placer cree que su propio sentimiento es su propio bien; y el que tiene inteligencia cree que su propia acción es su propia felicidad.

Es factible no considerar esto y no experimentar inquietud mental, ya que las cosas no están estructuradas de tal manera que podamos establecer nuestras opiniones sobre ellas.

Se debe cultivar la costumbre de no prestar atención a lo que otros tienen que decir y concentrarse en la persona que habla.

La abeja no se beneficia de nada que no sea bueno para la colmena.

¿Estaría escuchando a alguien más si la tripulación hablara mal del capitán del barco o de los pacientes del médico? ¿Cómo debería el capitán asegurar la seguridad de los pasajeros o la salud de los que está tratando?

¡Cuántos han muerto en cuya compañía nací!

Para los ictéricos, la miel parece amarga, el agua es temida por aquellos que son mordidos por un perro rabioso, y una pelota parece buena para los niños pequeños. ¿Por qué estoy molesto? ¿O crees que la tergiversación tiene menos influencia en los hombres que la bilis en los ictéricos o el veneno en la víctima de una mordedura?

Nadie le impedirá vivir según la regla de su propia naturaleza: nada le sucederá en contra de la regla de la Naturaleza Universal.

¡Qué criaturas son las que buscan satisfacción, y por qué resultados y acciones! ¡Qué rápido la eternidad cubrirá todas las cosas, y cuántas ya ha cubierto!

Comentarios a pie de página

Es posible que tengamos que leer: "Es como si un niño tuviera que...

Cómo sentarse al practicar la meditación

Aprender la mejor manera de sentarse mientras medita es el primer paso para aprender a practicar la meditación.

Adopte las técnicas de meditación y las habilidades básicas que se describen aquí durante una semana. Considere esto como un ejercicio de meditación de una semana. Sigue estos pasos sencillos todos los días de la semana.

¿Cuál es tu acción?

La mejor posición para comenzar la meditación es sentarse. Si te acuestas, especialmente al principio, corres el riesgo de perder el conocimiento y quedarte dormido. Se mantiene despierto y concentrado al estar en una posición de alerta, pero libera su mente de tener que procesar información (como dónde poner los pies).

Aprenderás a concentrarte en algo mientras estás sentado. Puede ser tu respiración, una palabra o una imagen.

La meditación común para controlar el estrés

¿Cómo funciona de verdad?

La meditación implica mantener el cuerpo despierto pero relajado y aquietar la mente. Primero debes aquietar tu cuerpo para que ocurra la quietud mental. Te sentarás para hacer eso. Su mente querrá viajar por todas partes mientras está sentado, desde sus listas de tareas hasta sus preocupaciones o eventos, hasta el lugar al que desea ir de viaje.

Te concentrarás en una cosa para ayudarte an aquietar la mente. Eso concentra su atención y mente en un solo punto focal. Puede lograrlo repitiendo una palabra o contando sus respiraciones, ya sea en voz alta o en silencio. La mayoría de los mantras están escritos en sánscrito, lo que da a tu mente una idea inútil y, por lo tanto, no produce nuevos pensamientos.

Iniciar la semana 1

La meditación no es realista; no se trata de hacer que tu cerebro deje de pensar. Ni siquiera cuando estás dormido, tu cerebro sigue creando pensamientos. En realidad, la meditación se trata de no apoyar las ideas que vienen o entran en tu mente. Podrá experimentar los beneficios relajantes de la meditación al desarrollar su habilidad de "liberar" pensamientos, emociones e ideas que surgen espontáneamente, que incluyen: relajación, disminución del estrés, una perspectiva más precisa de sus problemas, habilidad creativa mejorada y mayor energía. Sin embargo, todo comienza aprendiendo a sentarse para meditar.

Los pasos: planificar, sentarse y enfocarse

Horario: Hoy tendrás que planificar 5 minutos cada día para simplemente meditar. Estos cinco minutos deben mantenerse constantes todos los días para crear una rutina sostenible. Asegúrese de que nada lo interrumpa durante este tiempo; apague su teléfono y elimine cualquier sonido de fondo que tenga control.

Aprender a sentarse mientras medita es uno de los primeros desafíos para la mayoría de los meditadores principiantes. Por un lado, asegúrese de que se sienta cómodamente en una posición de alerta. Siempre que te sientas cómodo, puedes sentarte en una silla con los pies apoyados en el suelo o en un cojín puesto en el suelo con las piernas cruzadas. Siéntese erguido con la espalda recta, estirando los hombros hacia abajo y hacia atrás mientras ensancha el pecho. Nivele la cabeza y mire parcialmente hacia abajo. Elige algo para recordar, como una palabra, el aliento o la línea de tus ojos. Tu objetivo es simplemente sentarte y estar quieto, así que no mires a la habitación. También puede cerrar los ojos para evitar distracciones si no utiliza un punto focal visual. Mantenga sus manos en cualquier lugar que esté quieto y cómodo, como en su regazo o con las palmas hacia arriba o hacia abajo sobre sus rodillas o muslos.

Enfoque: Selecte uno de los siguientes para enfocarse:

Selecte una palabra que le guste, como "paz", "tranquilidad" o "calma". Repete esa palabra o mantra breve en voz alta o en tu mente mientras te sientas.

Escuche su respiración. Cuenta hasta cuatro cada vez que exhales. Luego, una vez que inhale, cuente hasta cuatro. Esto atraerá su atención hacia su respiración y promoverá una respiración mucho más profunda y controlada al mismo tiempo.

Recomendaciones para ayudar en el camino

No se preocupe si está contando o repitiendo una palabra. Recuerde lo que estás haciendo. De vez en cuando, puede esperar perder la pista. es común Lo importante es que no insista en ello, sino que devuelva su atención a lo que está haciendo.

Elige un momento del día en el que pueda recordar practicar la meditación rápidamente, como justo después de vestirse para el día o justo después de desayunar. Considere meditar mientras conduce si tiene problemas para encontrar un momento o un lugar para hacerlo. Puede meditar antes de encender el auto por la mañana o cuando llega al estacionamiento del trabajo.

Concentre su postura. Durante toda la sesión de meditación, intente sentarse derecho. A medida que se desarrolla la fuerza muscular, puede ser difícil al principio.

Usar un cronómetro. Un temporizador, mejor si tiene una alarma suave y suave, puede ayudarlo an evitar preguntarse cuánto tiempo has estado meditando. Solo establece el temporizador e ignorarlo.

No se preocupe por las posturas de meditación, las posiciones de las manos o cualquier otra cosa sobre la meditación que haya leído o visto.

Después de comenzar a meditar todos los días, puede consultar más posiciones.

Tenga en cuenta que cada día, sentarse y concentrarse es lo más importante. Estás desarrollando un hábito de meditación. No se preocupe por "no hacerlo bien" o si "funciona". Siéntate y mantenga la concentración. Con el tiempo y la práctica, el resto vendrá.

Agregue una segunda sesión de práctica a tu día si te sientes motivado. Sesiones tempranas en la mañana y sesiones tarde en la noche pueden ser muy fascinantes. Observe cómo su mente cambia en diferentes momentos del día. Quizás por la mañana es mucho más fácil sentarse y descansar, o quizás esté acelerado y pensando en el día que viene. Estarás mejorando tu rutina de meditación explorando en diferentes momentos del día.

La meditación de la filosofía vedántica.

Los Vedas son los escritos sagrados más antiguos de la India. Aunque no se sabe cuál es su origen, se cree que fueron transmitidos a través de la inspiración a los sabios antiguos que se reunían para meditar sobre Dios. En el norte y noroeste del subcontinente indio se desarrolló la cultura relacionada con esta época, a veces denominada "época védica" o "cultura védica".

La religión hinduista se remonta a la religión védica.

El nombre Vedas proviene del sánscrito y se deriva de la raíz vid, que significa "revelación", "conocimiento" o "conocimiento divino". Son las obras sánscritas más antiguas y sagradas.

Los investigadores no están de acuerdo sobre su fecha y antigüedad. Primero, sus enseñanzas se explicaron de manera oral durante miles de años, y luego se compilaron en el Tíbet. La creencia predominante es que el estado actual de los hechos es el resultado de la recopilación realizada por Veda Vyâsa en el año 3100 a. C. Estas obras están escritas en un sánscrito tan antiguo que no hay otra obra similar en la literatura de esta hermana mayor de todas las religiones conocidas, como la denomina el profesor Max Müller, lo que demuestra su antigüedad.

El término Vedanta se traduce literalmente como "el final de los Vedas". Los Upanishads, la última parte de los Vedas, son la base del Vedanta y se consideran experiencias místicas de los grandes sabios.

Upanishad significa "sentarse cerca", lo que significa sentarse cerca de un maestro o gurú que transmite su conocimiento espiritual por palabras. Hay ciento ocho Upanishads tradicionales.

Muchos pensadores occidentales, incluyendo a Schopenhauer, han sido influenciados por la filosofía vedanta.

Según el Vedanta, cada ser humano es idéntico al Ser Supremo en su esencia. Nos hace recordar nuestra verdadera naturaleza. Se sostiene que todos poseemos un ser común o conciencia que nos impulsa a superar el sentimiento de individualidad o posesión, el "yo soy" y el "yo tengo", y a conectarnos con una esencia que existe y brilla por sí misma, reconociendo el Ser en nosotros mismos y en todos los seres. El Vedanta enseña la unidad de la vida y la mente. Todos somos una sola entidad y todos poseemos una conciencia.

Se afirma que los rituales, las acciones o las obras de caridad no pueden conducir a la liberación. El objetivo del Vedanta es alcanzar el conocimiento de Brahman (la existencia absoluta), que se encuentra fuera de la ilusión (Maya) del mundo y de la propia mente. La verdadera realidad se encuentra fuera del conocimiento y del mundo expresado.

El yoga puede alcanzar la filosofía del Vedanta. En resumen, nos indica que en esencia, el Ser Supremo y nosotros somos uno.

La figura más destacada de la filosofía vedanta fue Sri Sankaracharya, quien vivió hace aproximadamente 1200 años.

La meditación vedántica implica meditar durante todo el día, no solo durante un período de tiempo específico.

Está relacionado con el jnana yoga, el camino del conocimiento, que es el más difícil. Es necesario tener una fuerte voluntad y un buen sentido del razonamiento. El jnana yogui, que se basa en la filosofía vedanta, utiliza su mente para explorar su propia naturaleza. Percibimos que el espacio dentro y fuera de un vaso son diferentes. De la misma manera, creemos que estamos lejos de Dios. En el jnana yoga, el yogui puede romper el vaso y sentir directamente su unidad con Dios. Los manchas de la ignorancia se desvanecen. El aspirante habrá integrado antes de comenzar a practicar jnana yoga.

lo aprendido en otros caminos del yoga porque la búsqueda de la realización del Ser puede convertirse en una especulación vana sin abnegación y amor a Dios, así como un cuerpo y una mente fuertes.

El jnana yoga exige la comprensión intelectual antes de la experiencia física. Se requiere madurez espiritual, un carácter equilibrado y una mente tranquila y fuerte.

Existe una variedad de enfoques de meditación vedántica que nos permiten comprender nuestra verdadera identidad. Para comprender la totalidad de nuestro ser, todos dependen de superar la identificación con nuestro cuerpo y nuestra mente.

Según Sri Swami Sivananda:

La técnica de negar

Descubrir lo que no somos nos ayudará a comprender lo que somos o quiénes somos. Negemos lo que no somos, completamos las transformaciones mentales y hallamos la respuesta a la interrogante: ¿Quién soy yo? En este tipo de meditación nos hacemos la pregunta de si somos el cuerpo físico. ¿Soy yo mismo el prana? ¿Soy yo la emoción? ¿Soy la mente humana? ¿Son mis sensaciones? Siempre descubriremos que somos algo más que eso. No somos, como se mencionó anteriormente, nuestro nombre, nuestro trabajo, nuestra nacionalidad o nuestra religión.

Después de lo mencionado, ya que todo ha sido rechazado, no somos ni una cosa ni otra, ni una y otra... El Ser es el único que queda. En primer lugar, la mente es la que llega an esta conclusión. Sin embargo, la experiencia directa también es esencial. Cuando se hayan rechazado todas las opciones intelectuales, habremos alcanzado la mayor parte de nuestra meta, ya que el conocimiento intuitivo directo será la única forma de obtener el 100% de nuestro objetivo.

En su obra "¿Quién soy Yo?", Sri Ramana Maharshi explica detalladamente su principal enseñanza, la "indagación del Yo", que conduce a la liberación del alma individual. Para lograr esto, es necesario investigar constantemente "quién" está generando diferentes pensamientos, hasta que finalmente el "pensamiento yo" se destruye y uno queda solo.

mentalmente el Ser sin dualidad. En esa situación de plenitud, no hay lugar para el "yo" ni para los dolores, sino para la tranquilidad, el silencio y la beatitud total. Es necesario estar muy alerta y no permitir que la mente se divague. La respiración, la meditación, la repetición de los nombres de Dios y otras disciplinas son solo prácticas auxiliares que ayudan a que la mente se vuelva unidireccional. Por lo tanto, la mente se fortalece y se puede llevar a cabo una exploración constante del yo sin restricciones ni actos violentos. El texto "¿Quién soy yo?", que es un resumen de las enseñanzas principales de Sri Ramana Maharshi, se compone de veintiocho preguntas que su devoto Sri. M. Sivaprakassam Pillai le hizo en 1902 sobre la búsqueda espiritual en general. Estas preguntas conformaron la edición del texto, que apareció por primera vez impreso en 1923.

El texto comienza diciendo que para obtener la felicidad que es nuestra propia naturaleza y que se experimenta en el estado de sueño profundo, en el que no está la mente, se debe conocer el propio ser porque todo ser viviente desea siempre ser feliz, sin dolor alguno, y porque en todos y cada uno de ellos se observa un amor supremo por sí mismo. El método principal para lograrlo es el camino del conocimiento, la exploración que se presenta como la interrogante "¿Quién soy yo?".

1. La primera pregunta es: ¿Quién soy yo?

Respuesta: No soy el cuerpo burdo. No tengo los cinco órganos sensoriales. No soy los cinco órganos de acción, que son el habla, la movilidad, el asimiento, la excreción y la reproducción. No soy los cinco aires vitales, prana, etc. No soy ni la mente que piensa ni la nesciencia (ausencia de saber), que solo tiene percepciones superficiales de los objetos y carece de todo conocimiento y acción; no soy nada de eso.

La segunda pregunta es: ¿Quién soy si no soy nada de eso?

Después de negar todo lo anterior y decir "eso no, eso no", mi conciencia sigue siendo yo.

Practicar la observación mental

En esta forma de meditación vedántica, observamos nuestra mente como si estuviéramos viendo una película sin conectarnos con ella. Y estaremos así todo el día y, ocurra lo que ocurra, observaremos lo que ocurre como si no fuera con nosotros, manteniéndonos en la posición de testigo. Para llevar a cabo esta meditación de manera adecuada, se requiere una gran habilidad y ejercicio para concentrarse en nuestro interior y mantener nuestra conciencia directa en todos nuestros pensamientos.

La mente no quiere ser observada, por lo que usará varias tácticas para distraernos. No importa, estaremos alerta y volveremos a la posición de testigo de nuestra propia mente de manera suave.

Con la repetición del mantra "OM sakshi aham", que significa "Soy testigo de todas mis acciones", y una separación constante de todas esas acciones, el orgullo personal desaparecerá gradualmente.

La práctica de absorber

El objetivo de este tipo de meditación avanzada es devolver la mente a su fuente original, la conciencia pura.

La base filosófica de esta práctica es la idea de que el macrocosmos y el microcosmos, o nosotros, somos uno.

Observando el proceso de creación del universo, adquiriremos una comprensión profunda de cómo funciona nuestra mente y cómo devolverla a su origen.

En esta meditación, la causa absorbe el efecto.

El Vedanta afirma que el universo se compone de cinco elementos: tierra, agua, fuego, aire y éter. Estos elementos están presentes tanto en el cosmos macro como en el microcosmos.

Los cinco elementos que componen el universo se presentan en el siguiente orden a partir de la fuente cósmica: éter, aire, fuego, agua y tierra.

El objetivo de esta meditación es inversar el proceso de evolución en nuestra conciencia, comenzando por el elemento menos sutil, encadenando el siguiente y así sucesivamente hasta volver al elemento más sutil.

Primero pensamos en el elemento tierra y visualizamos cómo el elemento agua es donde toda la materia sólida se origina. El fuego produce el estado líquido de energía. La exposición de gas provoca el fuego. El éter o el espacio puro producen gas o aire. Solo existe el espacio en la conciencia pura. Al final, este proceso creativo de visualización, en el que cada elemento regresa a su causa, nos permitirá comprender la verdadera naturaleza del cuerpo y la mente. Aunque parecen sólidos, en realidad son en su mayoría líquidos y antes eran fuego antes del movimiento del prana. Después de volver a la causa final, descubrimos un vacío y llegamos a la conclusión de que la conciencia es la que lo contiene. Es evidente que este camino abstracto, estas técnicas de meditación vedántica, son muy complejas y requieren una preparación previa de la mente, que debe purificarse, ser altruista y dominar la concentración mediante la práctica de las asanas, el pranayama y el bhakti yoga.

¿Cómo la meditación puede mejorar la relajación, la tranquilidad y los sentimientos?

La psicología nos permite comprender cómo la meditación afecta nuestro estado mental y, por lo tanto, nuestros estados de relajación, tranquilidad, sentimientos y pensamientos. Cuando vivimos en un mundo lleno de distracciones, con frecuencia nos resulta difícil investigar y descubrirnos a nosotros mismos, y mucho menos escapar de la rutina caótica. Debido a los horarios que debemos llenar con actividades y tareas para asegurarnos de no perder "el tiempo", muchas personas no toman ni un momento de paz o hacen el esfuerzo de pensarlo. En realidad, perdemos la oportunidad de aprovechar realmente el día.

El estrés y la ansiedad pueden causar muchos problemas a corto plazo, y esto lo hemos visto en todo tipo de personas, desde niños hasta adultos mayores. Esto puede volverse absurdo porque la sociedad está sobrecargando y olvidando el verdadero valor que implica nutrir la vida espiritual de un niño que está en proceso de crecimiento. Hay muchas explicaciones para este fenómeno, ya que los niños de hoy son los adultos del futuro y observamos que las sociedades se vuelven más violentas y conflictivas con el paso del tiempo. Sin embargo, la meditación tiene un amplio alcance y también tiene efectos en la serenidad que puede experimentar una persona.

La meditación, según la psicología, ayuda a limpiar o evitar el desgaste emocional porque ofrece una perspectiva nueva y es tan accesible que puede lograrse en cualquier lugar. Como resultado, se logra disminuir la irritabilidad, mejorar la memoria e incluso mejorar la felicidad y la estabilidad emocional.

La meditación también ayuda a combatir la depresión, la ansiedad, la adicción y la tristeza tanto a corto como a largo plazo en comparación con los tratamientos que combaten estos síntomas, como los medicamentos, que solo logran controlar los síntomas pero no hacerlos desaparecer por completo, evidenciando un proceso químico y no natural como la meditación.

La meditación ayuda a controlar y mejorar nuestras emociones porque, como mínimo, esos dos minutos que le dedicamos, nos ayudan a comprender mejor cómo nos sentimos y interiorizar y canalizarlo. Muchas veces, las emociones y nuestros pensamientos se mezclan y producen sentimientos que podemos no comprender y que se vuelven negativos. A veces este proceso sucede tan rápido que no nos percatamos de cómo sucedió y simplemente nos sentimos muy mal. También tendemos a creer que los sentimientos son permanentes, pero esto no es cierto; los sentimientos tienen un efecto de ola, que llega y se va dependiendo de la energía que generamos. Generamos otra ola de energía a nuestro alrededor cuando no manejamos correctamente la energía y hacemos que crezca este sentimiento. En ocasiones podemos encontrar que esta energía nos daña o puede ser agresiva y poderosa. Cuando experimentamos esto, es más importante comprender la importancia de la meditación porque nos permite contrarrestar su impacto a través de la búsqueda de la tranquilidad.

El enojo es complejo y interesante porque a veces no sabemos por qué se dispara y puede generar reacciones en cadena inmediatamente; otras personas tienden a tener reacciones más lentas pero de igual forma pueden llegar a suprimir el enojo, lo que puede ser contraproducente.

Debemos empezar a meditar si queremos saber cómo manejar nuestras emociones, y esto es un consejo para cualquier persona que está respaldado por la ciencia. Una de las ventajas de la meditación es que mejora el control de las emociones. Es posible preguntarse cómo se logra esto y qué métodos pueden ayudarlo a comenzar, pero todo se logra a través de ser conscientes de nosotros mismos, de nuestras emociones, pensamientos, acciones y todas las características que podemos reconocer a través de este proceso.

Somos capaces de habilitar el autocontrol sobre nuestras emociones cuando estamos alerta sobre ellas, y una técnica que también ayuda a controlarlas de forma muy rápida es identificarlas y llamarlas por su nombre, pero recuerde que esto solo se puede lograr a través de estados mentales que nos permiten ser conscientes de nosotros mismos.

Cuando asociamos una emoción negativa con palabras, el cerebro puede escanear y mostrarlo, lo que ayuda a contrarrestar el proceso y a combatir, reducir y controlar nuestro sistema emocional en el cerebro. Esto ha sido considerado un hecho científico que ha demostrado que meditar solo nos permite concentrarnos en nuestras emociones y cambiar nuestra actividad cerebral. La vipassana es una de las técnicas más recomendadas porque se ocupa de todo lo emocional.

Estos son algunos consejos para meditar para controlar sus emociones, encontrar tranquilidad y relajarse:

Practica dar la bienvenida a sus emociones de manera proactiva, independientemente de su naturaleza. Tiene que estar muy atento y preparar un ambiente apropiado que le permita sentir sus emociones en el ahora; note cómo te sientes y describe sus emociones como mejor crea. Imagina cómo es la emoción y trate de pensar en detalles, como ¿cómo se ve su emoción? ¿Qué tamaño es? ¿Qué tono tiene? ¿Cómo se siente?

Tome un momento para pensar en lo que su cuerpo y su mente están experimentando, y ahora es el momento de despertar y agradecer por lo que está pasando. Trate de escribir lo que siente y el proceso por el que acaba de pasar y comprometerse a seguirlo toda su vida.

Prepararse para aceptar sus emociones contrarias. Cada emoción tiene una pareja, lo que significa que puede llegar una emoción opuesta. Como, por ejemplo, la ansiedad no puede existir sin la paz, la alegría no puede existir sin la tristeza, el miedo no puede existir sin la valentía, etc. Si está emocionado, recuerde que existe su par y que puede llegar en cualquier momento. Debe estar preparado para recibirla y liberarla de un ciclo sin sentido en el que tratar de evitar esa emoción; debe estar preparado para recibirla y liberarla. Recuerde esa emoción que puede ayudar a reducir el efecto de una emoción como la tristeza, la ansiedad o el miedo, lo que da el paso a nada más que la serenidad. Cuando sabe cómo se siente la alegría, pero de repente llega la tristeza, puede reconocerla y aceptarla, pero en usted esta determinar cuánto poder tiene, y puede tomar acciones no para eliminar la tristeza sino para que crezca la alegría. Aférrese an este estado mental durante la meditación.

Recuerde que las emociones solo son mensajes que se encargan de dejarnos información para que podamos tomar decisiones que nos empoderen y ayuden en la vida. El sufrimiento es una opción, no una obligación, y todo depende de usted; puede apoyarse en sus emociones para crear soluciones que le ayuden a crecer y llegar an un estado pleno.

¿Qué es la meditación Zazen y cómo se puede usar para aliviar el insomnio?

La palabra zazen proviene de las palabras japonesas "za", que significa sentarse, y "zen", que significa meditación. Por lo tanto, la meditación zazen es una forma de meditación que se encuentra en la práctica del budismo zen. En realidad, la postura sentada hace referencia al Buda.

La postura, la respiración y la actitud mental son los tres pilares de esta forma de meditación. La esencia de la meditación Zen es la combinación de estos tres componentes. Esta forma de meditación se introdujo en Occidente con el tiempo, donde se adoptó rápidamente para tratar la ansiedad y el estrés.

En realidad, la práctica diaria de la meditación Zen es muy beneficiosa para la persona que la practica. Al principio, la meditación zazen ayuda a calmar la mente y crear estabilidad en un entorno que está plagado de tormentos. Aporta tranquilidad, calma y bienestar al practicante, lo que lo ayuda a calmar su ansiedad y conciliar el sueño.

permite una buena circulación cerebral y control. Según la investigación, este tipo de meditación activa las ondas alfa y theta del cerebro. La meditación sentada tiene muchos beneficios, lejos de cualquier contexto religioso. En Occidente, se enseña como un excelente ejercicio para mantener la concentración y conciliar el sueño, sin importar su contexto religioso.

Una sesión de meditación para dormir de Zazen

Se debe sentarse con las piernas cruzadas sobre una almohada grande, manteniendo la espalda recta, cerrando los ojos para conciliar el sueño y cerrando la boca.

Todo se llevará a cabo a través de ejercicios respiratorios que deberían llevar a la meditación. El participante puede concentrarse en su respiración, olvidarse de las preocupaciones del día a día y finalmente meditar sobre cualquier tema. El tiempo de la sesión se mide con una varilla de incienso encendida, aproximadamente 30 minutos.

POSICIONES DE MEDICIÓN ZAZEN

La meditación zen se practica sentada. Por lo general, hay tres posiciones: la posición de loto, la posición de medio loto y la posición de seiza.

1. Anuncio de concurso

Debido a sus múltiples beneficios, esta posición también se encuentra en el yoga. Debido a que la posición de loto requiere muchos músculos, requiere mucha flexibilidad. Esto implica sentarse con la espalda recta, los pies en el muslo opuesto y las manos en las rodillas.

Debe tener mucha paciencia cuando practica zazen. En primer lugar, asegure la espalda. Posteriormente, intente colocar el pie derecho en el muslo opuesto. Luego vuelve a hacer lo mismo con tu pie izquierdo. Sus rodillas deben tocar el suelo una vez en esta posición. Para comenzar a sentarse para meditar, incline ligeramente la cabeza hacia adelante.

En la espalda, debes colocar las manos sobre las rodillas y las palmas hacia afuera. El índice y el pulgar se usan para formar un pequeño círculo. Aunque esta posición de la mano no es necesaria, es la posición de la mano más utilizada en la meditación Zen. Para iniciarse en la meditación zazen, manténgase en esta posición. Una vez que se acostumbre, puede practicar y experimentar con muchas otras posiciones.

No es una coincidencia que esta forma de meditación use la posición del loto. De hecho, esta posición permite que la mente y la energía fluyan correctamente. Se crea un circuito con los pies en los muslos y las manos en las rodillas.

La energía circula por todo tu cuerpo y descubre cómo viajar a través de ella sin perderla. Si tu postura es correcta, puedes realizar la posición del loto en tu cama.

2. POSICIÓN MEDIO LOTO

La posición de medio loto puede parecer un poco menos restrictiva que la posición de loto si eres nuevo en la meditación zazen. Esta técnica implica sentarse con la espalda recta, un pie en el muslo opuesto y las manos conectadas. En primer lugar, asegure la espalda.

Coloque el pie derecho o izquierdo en equilibrio sobre el muslo opuesto. Como resultado, el segundo pie puede permanecer en el suelo y ambas rodillas pueden tocar el suelo. Por lo tanto, no se requiere colocar las manos sobre las rodillas.

3. La situación de Seize

Al igual que la postura loto, la postura seiza es una postura de meditación zazen muy simple pero exigente en términos de flexibilidad. Para practicar, simplemente siéntese con las rodillas en contacto con el suelo y la parte superior de los pies en contacto con el suelo. Las manos deben estar contra su vientre.

Tampoco es casualidad que la postura seiza sea elegida en la meditación zazen. En realidad, es el lugar ideal para alinear todos los puntos de energía del cuerpo. La energía se mueve correctamente por todo el cuerpo.

Todas estas posiciones tienen algo en común: te permiten relajar los músculos y aliviar la ansiedad y el estrés, lo que te ayuda a dormir más fácilmente después de una sesión de meditación.

El papel de la respiración adecuada en la meditación de Zazen

Uno de los principios del budismo zen es la respiración consciente. Sin embargo, para que esta respiración sea efectiva durante el proceso de meditación, es necesario que la postura sea ideal. Todas las posturas de meditación Zen o zazen mencionadas anteriormente ayudan an equilibrar y fluir la energía vital correctamente.

Respirar de acuerdo con los principios de la meditación zazen ya no es un problema si tiene éxito. Simplemente inhale y expulse sin esforzarse. La inhalación y exhalación deben ser suaves y prolongadas. Para lograr esta instrucción sencilla, intente inhalar y exhalar por la nariz mientras tiene la boca cerrada y la lengua hacia el paladar. Para empezar, se puede utilizar el recuento de respiraciones como punto de referencia. A la larga, se convierte en un reflejo de sí mismo.

El budismo zen se enfoca en la práctica. Siéntese y respire profundamente durante esta forma de meditación. Taisen Deshimaru, un destacado maestro del budismo zen y precursor de la meditación zen o zen en Occidente, afirma que el secreto del zen es permanecer en una postura de gran concentración sin rumbo fijo. Las imágenes y pensamientos que surgen de la mente deben fluir por el cielo como nubes. No intente controlar sus pensamientos o reprimirlos. Observa cómo pasan.

Al adoptar esta actitud mental durante la meditación zazen, se alcanza un estado de pensamiento que se extiende por encima de todo pensamiento. Cada vez menos imágenes y pensamientos que te lleguen serán vagos e irán solos para dar paso an un estado de pensamiento verdadero. Pero para llegar allí, la postura y la respiración deben funcionar correctamente. No puede esperar resultados sin cumplir con estos dos requisitos.

Por lo tanto, la meditación Zazen es una combinación ideal de estos tres factores (posición, respiración y estado mental). La meditación zazen facilita conciliar el sueño porque permite que el cuerpo se relaje gradualmente y se libere naturalmente de la ansiedad y el estrés asociados con el insomnio.

5. Meditación transcendental para mejorar la calidad del sueño

La calidad de vida laboral depende de la calidad del sueño. No menos del 35% de la población de nuestro mundo occidental tiene trastornos del sueño.

Las causas de los trastornos del sueño y el insomnio pueden variar. El estrés y la ansiedad son claramente los más comunes. El sueño debe ser reparador, pero acumular estrés y tensión en el cuerpo y la mente puede afectar el funcionamiento normal del sistema nervioso.

La Meditación Trascendental (MT) puede ayudarlo a calmarse. Muchas personas han reportado una mejora inmediata en la calidad del sueño después de comenzar a usar MT.

El uso de MT durante 20 minutos dos veces al día disminuye lentamente el estrés, la tensión y la fatiga. La meditación hace que la mente sea más estable y clara. Los neurólogos han descubierto que la práctica de la MT mejora el metabolismo de la serotonina, un neurotransmisor que juega un papel importante en la regulación del estado de ánimo y los ciclos de sueño-vigilia.

Esto ayuda a dormir mejor. La práctica de MT también reduce los niveles de hormonas estresantes, que tienen un impacto en muchos aspectos de la vida, especialmente la calidad del sueño.

Capítulo 5: Guías para la Meditación Visual

Puede considerar uno de estos guiones de meditación de visualización si desea ayudarlo a relajarse aún más mientras medita. Cada guión te llevará an un viaje para relajarte. Quiero que dejes de lado todos los otros pensamientos y trabajes duro para crear una imagen clara mientras imaginas el lugar o la escena.

Varios guiones de meditación están disponibles a continuación. Sugiero que trabajen en cada uno de ellos para determinar el que mejor se adapte a usted. Casi todo el mundo tiene un guión de visualización de la meditación, ya sea que disfrute pasar su tiempo en la playa, en una pradera tranquila o rodeado de un bosque. Me gustaría comenzar con una meditación básica con una luz protectora si estás listo para ayudarte a comenzar tu viaje hacia la pura tranquilidad.

El guión para la meditación protectora

Adelante y encuentra una posición relajada antes de comenzar nuestro viaje. Permita que tu cuerpo se relaje de inmediato y concentre tu atención en tu respiración cuando estés preparado.

Inspira con fuerza y profundidad... y exhale suavemente.

Cuando toman cada respiración suave, noten cómo pueden liberar la tensión de su cuerpo. Cada vez que respiras más fácilmente, te sientes más ligero.

Comienza an escanear tu cuerpo ahora. Ten en cuenta que debes hacerlo sin emitir juicios. Tome nota de cómo se siente su cuerpo. Cualquier área de tensión debe ser notada antes de continuar con el escaneo. Cuando hayas terminado, vuelve a las áreas que has marcado y concéntrese. Tienes la capacidad de liberarte del estrés. ¿Dejará la tensión en sus músculos y se relajará ahora?

Inhala... y exhala aire... Quiero que imagines que una luz brilla por todo tu cuerpo mientras respiras tu próxima respiración. Es una luz que brilla a tu alrededor para protegerte. Inspira... y exhala aire... En este momento, la luz te protege. Las preocupaciones, la tensión y el estrés están saliendo de tu cuerpo con el brillo de esta luz.

Tiempo para disfrutar del brillo de la luz. Permita que una sensación de tranquilidad y protección lo invada. Esta luz de protección funciona como un escudo. La luz elimina la energía negativa y crea una luz espiritual para protegerte. Desde la parte superior de tu cabeza hasta tus pies, estás rodeado. Incluso mientras te bañas, puedes notar que esta luz te hace sentir cálido y cosquilleante.

Mientras sigues permitiendo que la luz te bañe, prepárate para hacer otro escáner corporal. ¿Sigue teniendo tensiones en su cuerpo? Quizás tengas cierta incertidumbre sobre este tema de la meditación. Imagina tu tensión como una luz oscura si estás listo. La luz protectora elimina suavemente estas áreas oscuras. Observa el estrés y la tensión que te deja muy atrás. La luz actúa como un imán y te expulsa de la oscuridad.

A medida que la oscuridad desaparece, puede comenzar an atraer energía positiva y pensamientos tranquilos. Solo hay espacio dentro de ti para la luz y el crecimiento. Estás protegido. Estás seguro. En este momento, permanezca tranquilo y libre de estrés.

Adelante y toma unas cuantas respiraciones más profundas. Tómese un momento para agradecer por tener la capacidad de liberar la oscuridad y la negatividad de su mente, cuerpo y alma.

Es hora de volver a tu día cuando estés listo. Los invito a respirar profundamente y suavemente para hacer que su entorno sea más consciente. Recuerden que esta luz protectora no desaparecerá tan pronto como terminen el curso. Observan la luz brillante que los rodea, especialmente cuando la necesitan. Esta luz te protegerá siempre.

Comienza a concentrarte gradualmente en tu cuerpo. Puede continuar y cambiar suavemente de peso para relajarse. Estira la espalda y los brazos si lo deseas. Tienes la opción de hacer lo que te haga sentir más cómodo. Permita que su mente esté alerta, pero esfuércese por mantener la calma. Abra suavemente los ojos y disfrute de su nuevo estado de calma una vez que esté listo.

Meditación en la arena de la playa

Una meditación en la playa es la siguiente que puedes intentar trabajar. Para algunas personas, la playa puede ser un lugar tranquilo porque puede ser un recordatorio de vacaciones y tiempos mejores. El sonido de las olas y su repetición también pueden relajarte. Te invito an entrar en tu espacio de meditación cuando estés listo, encuentra un asiento cómodo y podemos empezar.

Trae la conciencia a tu cuerpo cuando encuentres un lugar en el que te sientas cómodo. Permita a sus amigos relajarse a su lado. Al sostenerlo, sus brazos deben estar a su lado y sus piernas pueden relajarse. Tenga en cuenta que puede relajar sus piernas y brazos. Toda la tensión se funden en el suelo porque están sueltos.

Es hora de llevar la conciencia a la espalda, el cuello y la columna vertebral una vez que los miembros estén preparados para la meditación. Libera toda la tensión que estás sosteniendo arriba y abajo de tu espalda y adelante. Lleve tus pensamientos a todas las vértebras que fluyen por tu espalda. Respira profundamente para liberar toda la tensión. En este momento, el estrés y la tensión no son buenos para ti. Respire de nuevo mientras silba para liberar el aire de sus pulmones. Una vez más, inspira... y...

Quiero que imagines tu respiración como una ola. Imagina que una ola de calma se acerca a ti con cada respiración. La ola se acerca cada vez más con cada respiración. La ola tranquila besa las plantas desde tus pies hasta tus piernas, caderas, abdomen, espalda, pecho, brazos, hombros, cuello y finalmente sobre tu cabeza.

Puede comenzar a sentir que su cuerpo está pesado contra el suelo o la cama a medida que respira. Permita que esta sensación lo envuelva y deje que su cuerpo se relaje por completo. Quiero que empieces an imaginar el océano cuando estés listo. Imagina que ahora está caminando suavemente hacia el mar. Tus pies se aferran suavemente a la arena recién cortada. Deja que tu mente fluya libremente y relájate por un momento.

Más adelante, escucharás las olas chocar contra la orilla. Pinta una pintura de tu océano. ¿Cuál es el color del agua? ¿Es posible sentir el olor de la sal en el aire? Caminar más cerca del agua te ayudará an absorber el color brillante.

¿Qué sabor tiene la arena debajo de tus dedos? La arena es un polvo extremadamente suave. Puede mover los dedos en la arena sin zapatos. Mientras caminas más cerca del océano, la arena es agradable y fresca. Cuando llegues al borde de la playa, presta atención a cómo las olas chocan contra la orilla. ¿Es audible? Combine tu respiración con el sonido de las olas. Se puede sentir cómo la niebla sube desde las olas. Te refresca durante este día cálido y ayuda a reducir la tensión en tu cuerpo.

Ahora quiero que te des un paso adelante hacia el agua. Tenga un momento para sentir la arena bajo tus dedos. A medida que te acercas al agua, la arena se suaviza un poco. Deja que las olas te pasen por encima de los dedos de los pies mientras avanzas hacia el agua. Respira profundamente mientras el frescor del agua te acaricia los pies mientras te relajas.

Cuando estés listo, continúe caminando hacia el agua. Observen la suavidad de la arena blanca debajo del agua mientras miran a su alrededor. El agua azul fría te rodea an una temperatura tranquila. Puede entrar hasta donde sea cómodo para usted. Disfruta del mar y relájate en este momento. El agua te refresca. Los sonidos relajantes del mar te ayudan a relajarte.

Es hora de volver a la playa ahora que te sientes mejor. Retirarse gradualmente del mar con cuidado. Tómese un momento para apreciar este hermoso día y sonría al sol que brilla sobre usted. Permita que su cuerpo se derrita en completa calma y relajación.

Una silla de salón cómoda se puede ver más arriba en la playa. Se acercan rápidamente a esta silla y se sientan por un momento. Quiero que respire profundamente para recordar las cosas que valora. Choque suavemente contra la orilla para escuchar las olas del mar. A tu alrededor, escucha el canto alegre de los pájaros. Respira y elimina cualquier estrés que pueda haber experimentado.

Es hora de volver a tu día cuando estés listo. Haz tres respiraciones profundas mientras te concentras en tu respiración.

Entra... y sale con suavidad.

Dentro... fuera.

Una adicional... en... y bien.

Regresa a tu posición sentada. Cuando esté listo, abra suavemente los ojos y preste más atención a los sonidos que lo rodean. Recuerda que puedes regresar al océano cuando lo necesites; está a solo un paso.

La guía para la meditación en el bosque

¿Qué tal si intentamos ir al bosque si el océano no es realmente lo tuyo? Para algunas personas, la naturaleza puede ser muy relajante. Prueba este guión si necesitas unos momentos en un día ocupado y necesitas escapar a la naturaleza sin poder hacerlo físicamente. Te llevará an un hermoso bosque.

Quiero que entres a tu espacio de meditación y dejes todas tus preocupaciones en la puerta principal cuando estés listo para comenzar tu viaje. Todo depende de ti desde ahora. Apaga la computadora, apaga el teléfono y permítete estar en este momento.

Encuentra una posición cómoda para sentarte mientras te relajas en tu espacio. Quiero que permitas que tu mente se mueva, ya sea que estés acostado o sentado en tu lugar preferido. Recuerda permitir que las ideas fluyan sin juzgar y permitir que tu creatividad fluya libremente. Podemos comenzar nuestro viaje al bosque una vez que estés listo.

Para empezar, quiero que te imagines comenzando por un camino de tierra. Observe lo suave que es el suelo bajo sus zapatos. A lo largo de su camino hay tierra blanda, musgo, algunas hojas caídas y quizás incluso algunas agujas de pino. Respira el aire fresco del bosque con cada paso que das; esto te ayuda a liberar cualquier emoción negativa a la que te estés aferrando. Inspira profundamente, llena tus pulmones con el aire de la montaña y siente el refrescamiento al exhalar. El aire fresco y crujiente te llena de vida y te permite relajarte aún más. Ahora, disfruta del calor del sol filtrándose a través de los pinos y besando suavemente tu piel. El aire es fresco y acogedor; te calma y te rodea.

Lleve tu conciencia a los pájaros que cantan a tu alrededor ahora. Tal vez una brisa susurre a través de los árboles, moviendo suavemente las hojas de los árboles mientras se balancean a tu alrededor. Se una a los árboles y disfruta de la tranquilidad de la naturaleza. Cuanto más lejos camines, más relajado te sentirás. Mientras camina por el sendero del bosque, suavemente empareja sus pasos con su aliento.

Inspira... dos... tres... cuatro... Inspira... dos... tres... cuatro... Escucha las aves. Bien.

Inspira... dos... tres... cuatro... Inspira... dos... tres... cuatro... Sentir el viento contra tu piel y el viento en tu cabello.

Inspira... dos... tres... cuatro... Inspira... dos... tres... cuatro... Siente cómo tus músculos se relajan mientras caminas.

Lleva tu conciencia a los árboles que crecen a tu lado mientras respiras. Es posible distinguir entre los tonos de verde claro y oscuro. Los pinos crecen altos frente a ti y son suaves. Momentos para contemplar los árboles que los rodean. Estos árboles se mueven con la corriente; el viento los lleva suavemente a donde quieran ir. No hay combate contra el viento, solo una sensación de tranquilidad total mientras se mueve suavemente. Dejen de empujar contra las fuerzas externas y sean como un árbol. Te abre nuevos mundos cuando sigues la corriente.

Ahora, lleva tu conciencia suavemente al camino que está delante de ti y nota cómo se abre an un campo suavemente iluminado. Hay un claro donde las flores silvestres hermosas están comenzando a florecer. Respiren hondo y absorban el aroma del bosque.

Sus sentidos se llenan con el aroma suave de las flores silvestres.

Un ciervo comienza a pastar cuidadosamente en la hierba alta del campo a lo lejos. Levanta la cabeza cuando se da cuenta de que no eres una amenaza, pero luego vuelve a comer. En este momento, su cuerpo no está lleno de tensión o estrés. También estás tranquilo y relajado en este momento, como el ciervo que admiras.

Cuando esté preparado, diríjase al centro de la alta hierba y permítase sentarse por un momento. Siente cómo la hierba acaricia suavemente tu piel mientras estás en una cama suave. El sol brilla con calor sobre ti, haciéndote sentir bien. Respire profundamente y llene sus pulmones con aire fresco.

Finalmente te sientes tranquilo y tranquilo. Permita que tome un momento para sentir gratitud y conectarse con la naturaleza.

Inspira... sentir la tranquilidad que te rodea... espira.

Comienza lentamente a recuperar la conciencia cuando estés listo para salir del bosque. Cuando mires a los árboles por última vez, recuerda ser como ellos. Puede evitar sentir estrés cuando no es necesario cuando se deja llevar por la corriente y se balancea con las fuerzas externas.

Recupera suavemente la conciencia y abre gradualmente los ojos. Te sientes seguro, tranquilo y preparado para continuar tu día ahora. Recuerda que siempre puedes regresar al bosque cuando te sientas agotado. Respira profundamente y continúa.

Visualización de Color: Guión de Meditación

¿Tiene tiempo para reflexionar? Para aquellos que solo necesitan unos minutos de su día, este guión es ideal. Se imaginarán cada color del arco iris mientras ven los colores calmantes y se relajarán. Recuerde concentrarse y relajarse por un momento, incluso si es solo por unos minutos.

Antes de comenzar este guión, tome un descanso profundo. Empieza an imaginar tu cuerpo en este momento mientras respiras. Quizás tenga un día agotador o no cumpla con el plan. Está bien. En este momento, haz lo mejor que puedas para evitar cualquier cambio. Todo lo que necesitas hacer es observar cómo se siente tu mente y tu cuerpo y aceptarte por cómo eres en este momento.

A medida que continúas trabajando con tu respiración, nota que tu cuerpo ya está comenzando a relajarse. Deja caer tus hombros de tus orejas mientras inspiras. Libere los dientes apretados respirando. Tus párpados pueden empezar a sentirse más pesados a medida que te relajas.

Bien... Quiero que empieces a pintar un cuadro en tu mente ahora. Para empezar, quiero que piensen en un tono rojo. Una vez que tengan el color rojo en su mente, intenten pintarla con varios tonos de rojo. ¿Por qué se asocian con el color rojo? Intenta imaginar cosas rojizas como puestas de sol, deliciosas manzanas, rosas románticas o cualquier cosa que te venga a la mente. Tome nota de cómo te hace sentir el color rojo y déjate llevar por él.

Considere el color naranja cuando estés listo. Observa cómo el rojo y el naranja se combinan y llena tu visión. ¿Qué sensación te da el color naranja? Imagina algunos de tus objetos naranja favoritos mientras trabajas con tu respiración. Hay calabazas festivas, zanahorias deliciosas y flores naranja hermosas. Imagina varios tonos de naranja y disfruta de la sensación que te da.

A continuación, trasladaremos nuestra atención al colorido amarillo. Permita que su visión se llene de varios tonos de amarillo mientras respira profundamente. Imagina una mezcla de limones recién cortados, flores brillantes y el sol que calienta tu piel. Hay tantos niveles diferentes de amarillo para imaginar, así que limpie tu mente con pura alegría. Imagina que el color amarillo te hace sentir lleno y feliz.

Ahora, el amarillo cambia suavemente a verde. El verde también a menudo se asocia con la alegría. En la naturaleza, hay muchas tonalidades de verde.

Quiero que reflexiones sobre las hermosas hojas verdes, así como sobre la hierba y las plantas del mundo. Permita que el verde llene tu visión; hay hermosos tonos de verde. Observa la sensación que produce este color mientras inhalas.

Comienza a llenar tu visión de azul cuando estés listo para pasar al siguiente color. El cielo, el agua del océano, los arroyos y los lagos son azules, y tal vez tu persona favorita en este mundo tiene ojos azules. Pensa en lo que significa el azul para ti y permite que te llene los sentidos. Permita que este color te calme inhalando y exhalando.

El siguiente color que debería comenzar an invadir tu mente es el púrpura. El amanecer, las flores y otros objetos tienen muchos hermosos tonos de púrpura. Sumérgete en este color y respira suavemente. Observa lo tranquila que se ha vuelto tu respiración después de liberarte de tu estrés. Solo estás tú y tus colores calmantes favoritos en este momento.

Si quieres, vuelve a tu color favorito de los que acabamos de mencionar o puedes elegir un color que te guste más. Deje que el color que elija llene sus sentidos y recuerde que debe estar tranquilo. Siempre hay una manera diferente de ver las cosas, no importa lo mal que se pongan. Si te sientes estresado, cierra los ojos y piensa en tu color favorito y los objetos que lo acompañan.

Cuando estén listos, les sugiero que reconsideren lo que los rodea. Mientras abren suavemente los ojos, notan que su mente y su cuerpo están mucho más tranquilos. Estira tus músculos y regresa a tu día con una sensación más tranquila y feliz.

Si disfrutaste de alguna de estas meditaciones, probablemente tengas una mente muy creativa. Si el concepto es algo a lo que no estás acostumbrado, las meditaciones de visualización pueden llevarse a la práctica, pero puede ser increíblemente gratificante.

Recomendaría comenzar con meditaciones básicas antes de pasar a algunos de los guiones más complejos en el siguiente capítulo. Un aspecto importante de la meditación es poder visualizar tu viaje. Puede pintarse un cuadro, lo que indica que su mente está abierta y libre para explorar los horizontes espirituales.

¡Si al principio te sientes tonto, no estás solo! Recuerda que debes concentrarte en tu respiración y que es tu responsabilidad practicar. Siéntase libre de adaptar cualquiera de estos guiones a sus necesidades. Lo único que importa es que te sientas cómodo con lo que estás haciendo al final del día. La meditación puede ser muy beneficiosa si te permite relajarte y calmarte.

Se hará una meditación para aliviar la ansiedad y el estrés en el próximo capítulo. Aprenderá todo lo necesario para hacer frente al pánico, cómo superar los ataques de pánico y cómo relajarse en cualquier circunstancia. Será capaz de calmarse y relajarse en una mejor energía al ser consciente de sí mismo. Podemos comenzar nuestra próxima sesión una vez que te sientas listo.

De qué manera la riqueza se acumula

La gente siempre recuerda cómo se aceptó la participación.

Es decir, ya está participando en la enseñanza de la meditación al leer este libro ahora. El libro está diseñado de tal manera que, después de leerlo una vez, uno puede estar bastante bien. Todos necesitan atrevimiento, incluso si no te atreves a meditar con frecuencia. Aprendió an aprovechar.

Incluso un pequeño esfuerzo por trabajar en ti mismo no te llevará al éxito.

Muy rara vez en la vida Sucede, qué persona joven elige su camino y sigue su camino toda mi vida. Esto es más común en genios o locos. La gente común no encuentra su propósito ni su vida de inmediato. valores Y los intereses cambian con frecuencia.

Es como nosotros sentarnos a la mesa festiva después de una visita. Nuestros huéspedes hicimos nuestro mejor esfuerzo y recibimos ensaladas y platos complejos que nunca hemos probado. Es poco probable que respondamos a la pregunta de la anfitriona: ¿qué hacemos? sin intentar nada. ¿apreciado? Y después de haber probado todas las delicias, quizás le pedimos que agregue más "fuera de Ir lechuga".

Siempre podemos determinar si nos ayuda en la vida o si no estamos en el camino correcto. Estas clases seguirán siendo útiles y útiles, incluso si solo ha estado meditando durante unos días. Y cuando vea los resultados, es poco probable que renuncie, así que excelente empresa.

Incluso leer mejora tu salud.

Se sabe que leer un libro sobre ejercicio da una microcarga a tus músculos. Te esfuerzas involuntariamente el grupo muscular correspondiente al imaginar la acción mental. Lo mismo te está sucediendo en este momento. Ya estás trabajando leyendo sobre cómo meditar. Oh alma y cuerpo, tu imaginación interviene y armoniza gradualmente las interconexiones de tu conciencia. Pero a medio plazo, y mejora la salud.

Si medita cinco minutos al día, tendrá éxito.

¿Deseas obtener riqueza? ¿Aumentar la salud? ¿Es posible mejorar la memoria? ¿Aumentar la influencia? ¿Aumentar la sabiduría? ¿Podría ser más inteligente? ¿Buscar el equilibrio? ¿Gloria? ¿Paz? ¿Iluminación? ¿Te gustaría tener éxito en tu carrera? ¿Es posible mejorar las relaciones familiares? llegar a la ubicación, ¿colegas? Todo está en tus manos, luego come en tu mente, y todo esto se puede lograr mediante la meditación. No tendrás que permanecer con los ojos cerrados en la postura de Buda durante horas. Es suficiente dedicar solo 5 minutos al día y lograr Total de manera suficientemente rápida.

Comenzando el estudio, me gustaría terminar tratado por nosotros mismos.

Cuando inicias cualquier actividad nueva, asumes ciertas obligaciones que luego se desempeñarán sin problemas o de vez en cuando, o sobre las que olvidará. Si ha comenzado, es decir, si se asumen estas responsabilidades, se te apoyará y te empujará an actuar. En ocasiones, comenzarás a discutir contigo mismo. Por ejemplo:

Hoy estudio con algo de pereza. ¿Tal vez no gastos?

Costos.

De acuerdo, hoy es un día difícil.

¿Qué estás haciendo aquí? relajarse durante cinco minutos. ¿Es realmente difícil? ¿Realmente no puedo?

¿Pero cuál es la razón?

Esta contribución también en hucha. medio camino hacia el éxito. La victoria está a medio camino.

Una vez que te has comprometido a no salir en paz, siempre recordarás sobre ellos.

La meditación es el camino hacia una nueva vida. Si lo ingresó una vez, no retroceda y ve hasta el final, de lo contrario quedarás "en el corredor". Allí adelante, hay una luz que brilla. Es por eso que es importante avanzar.

Gracias por cerrar y mantener la palabra.

Te evaluarán tus seres queridos, amigos y familiares que se han enterado de tus intenciones en función de cómo te las arreglaste para realizarlas. ¿Acaso retrocedí? Se convertirá en respeto, lanzamiento y demasiado perezoso para usted y lo apreciaría. Y no cree que eso sea un asunto pequeño y a nadie le importa tu trabajo. Respeto y relaciones con las personas. la suma exacta de esas cosas pequeñas. Es por eso que he dado la orden de esperar.

Objetivos que podemos elegir

Es probable que usted y sus seres queridos deseen ver el resultado de sus clases. Y tanto final como intermedio.

Por lo tanto, decida qué quieres antes de ir a clases. "Desear quitarse la ansiedad, volverse tranquilo y equilibrado", por ejemplo. La medida de las clases celebra los logros intermedios y las etapas, lo que le permite aprobar el camino para sus objetivos.

Observe, por ejemplo, que se ha vuelto un poco más tranquilo, que su presión ha disminuido y que al mejorar sus relaciones con personas que meditan, puede alcanzar sus propios objetivos vitales. Sin embargo, no olvide que la vida no es un cuento de hadas. Y no se puede lograr mucho en un solo día. Por lo tanto, establece etapas intermedias por ti mismo y avanza hacia tu objetivo mediante pequeños errores que te acercan al resultado deseado.

Quizás no tengas ninguno de estos objetivos específicos: oscuridad, oscuridad. ¿Y ahora? Después de eso, solo necesitas meditar. Habiendo comenzado an estudiar con regularidad, por un tiempo verás tus objetivos y te dirigirás hacia ellos el más rápido posible. ¡A él confiamos nuestra conciencia más sabia que nuestro cerebro!

Meditación: ayuda an uno mismo y a los demás

De alguna manera, las personas están más dispuestas an ayudar an aquellos que son más débiles que ellas. Alguien puede invertir mucho tiempo y esfuerzo en mostrarte lo bueno que es empapar agua fría, cómo afecta el cuerpo y cómo mejora la salud, pero solo te estremecerás y te encogerás de hombros. Sin embargo, si ves an un niño hundiéndose, salta al agua para ayudar sin importar el frío. ¡Otra ayuda es necesaria después de todo! ¿Acaso tú mismo?

Por eso Considere la importancia de la meditación: ayuda no a tu cuerpo, no a tu conciencia, no a tu alma. Ayudarlos; necesitarán su ayuda.

Investir capital

Por lo tanto, acumularás una gran cantidad de renovación al practicar gradualmente. Puede invertir su dinero mientras acumula, aunque haría un poco.

Por ejemplo, te has vuelto más tranquilo, seguro de ti mismo y decidido; invierte todo esto en las relaciones con las personas y verás los resultados pronto. La gente te tratará mejor, las cosas funcionarán mejor y tendrás una mejor posición material. Y simplemente te sentirás incómodo cuando te das cuenta de que todos tus éxitos son el resultado de cinco minutos de meditaciones. Pero después de eso, no te separarás de él. ocupación Nunca.

La enfermedad de Chan

La enfermedad de Chan es muy común en Oriente. Vive una vida normal, trabaja, descansa y celebra vacaciones como todos los demás. Y repentinamente enfermarse. Es gravemente enfermo y no recibe ayuda de ninguna de las dos tabletas, las dos hierbas o las demás instalaciones.

Después, como una visión, comprende que debe convertirse en un chamán para ayudar a las personas. Solo los humanos comprenden cómo solo el individuo decide seguir esta inesperada llamada "almas" y es él quien se está recuperando.

No obstante, supongamos que alguien residía en una ciudad importante y impartía enseñanza en un centro educativo, y ocurrió algo tan extraño: tomó una pandereta y comenzó a bailar alrededor de la tienda, manteniendo una comunicación espiritual. Por lo tanto, los familiares con frecuencia hacen que una persona abandone esta idea. y si deberían haberlo hecho, el Consejo sigue sufriendo. La enfermedad no siempre tiene un éxito exitoso.

Nuestras enfermedades están en el mismo orden. El destino no está destinado para nosotros, pero cuando nos apasiona conseguir lo que queremos, podemos lograrlo. Sin embargo, la naturaleza es el tiempo nos recordará que estamos en el lugar equivocado: enfermedades, fracasos extinguidos, alegría.

Imaginemos que uno de los empleados quiere ser el jefe. No obstante, él no se ajusta en absoluto an esta función, únicamente su falta de capacidad se limita. No valora el trabajo ni su capacidad. Solo una pregunta le viene a la mente: "¿Por qué estoy peor?" Luego llega un momento favorable: el líder renuncia y el puesto querido queda libre. Nuestro afortunado comienza a pelear: corre a las autoridades y crea chismes que son bastante competitivos. El codiciado finalmente toma un lugar. ¡El jefe está aquí! ¡Genial! Puede cambiar an un sillón, sentarse cómodamente en una gran oficina y cambiar el tono con sus compañeros de trabajo. Dos o tres días se le conceden bendiciones. Pero el ser humano es bastante adictivo rápidamente a todo. La enorme carga, la mayor demanda de resultados, informes y planes de los jefes reemplaza la felicidad. Además, estamos al otro lado del mes, nuestro

El líder está de baja debido an una enfermedad: sufre de fracturas en la cabeza, dolores en la espalda y un corazón frágil. no desea visitar su propia oficina y sentarse en su sillón. Él comienza a comprender que si logra mantenerse en esta silla, tendrá que dedicar toda su energía y salud, pero esto puede no ser suficiente porque si no hay resultados, será despedido. Y si lo hace, no hay mucha felicidad. Entregar el servicio de mantenimiento de un automóvil a domicilio, pero sin apetito, tampoco quedan fuerzas para nadie, la esposa mira con el ceño fruncido mientras se acerca a mimar a los demás. Estoy pagando por separar el gabinete. Gabinete separado detrás.

Ahora bebe el mejor café cada mañana y come sándwiches con carbonada, pero nunca ha tenido alegría.

La meditación te ayudará a comprender tu verdadero camino y propósito en esta vida. Ella te guiará en la dirección correcta, donde el flujo de la vida acelerará tu carrera y te acercará al éxito, pero no tendrás la voluntad de resistir todas las opciones.

No te informé de la enfermedad de Ch'an de ninguna manera. Recuerde que no hacer su trabajo o ocuparse de su lugar en la vida con frecuencia es la causa de sus problemas. Y su bienestar es la pauta principal aquí. Todo está bien si estás lleno de energía y vitalidad. Y si constantemente se enferma, con frecuencia, déjese llevar por el desánimo: esto indica que está haciendo algo mal o mal. La meditación te llevará a alguna parte.

Parte II

CÓMO AJUSTES LA HERRAMIENTA

Para meditar, debes recargar tu energía y recibir Placer. Estas dos sensaciones, la energía de "despegar" y la satisfacción, son las mejores en el instante, qué está haciendo correctamente.

Cualquier señal negativa del cuerpo, como el dolor, debería alertarte. Cuando el cuerpo está inquieto, la mente tampoco puede calmarse. Y la verdad no se refleja en el espejo de la conciencia que es incierto. Los sentimientos dolorosos deben ser abandonados por la meditación. Juzga por tu cuenta.

Beneficios Religiosos

Como se mencionó anteriormente, disfrutar de la meditación no requiere ser religioso. No es necesario que te consideres una persona espiritual. Sin embargo, si estás interesado en la espiritualidad, te interesarán las siguientes ventajas espirituales.

NOTA: Aunque la mayoría de estos beneficios espirituales serán solo el resultado de tu mente calmada, es probable que obtenga un mayor beneficio espiritual si emplea "meditación conceptual" y técnicas similares. Estas técnicas te concentran en ideas como Dios, el amor, el perdón, la conexión entre las personas, etc. Un poco más adelante en este libro, aprenderás más sobre estas técnicas de meditación.

Te acercas a tu dios. Algunos individuos, como los monjes budistas, practican la meditación por motivos espirituales. Usan la meditación para acallar sus mentas y así poder orar, escuchar respuestas y comprender mejor a su dios. No importa de qué religión seas, puedes hacer lo mismo.

Aumenta la conciencia tanto de uno como de los demás. La meditación te permite olvidar las cosas pequeñas y sin importancia. Como resultado, comienzas a comprender mejor por qué actúas de la manera en que lo haces y por qué los demás actúan de la misma manera.

Has mentido, por ejemplo, y mientras salía de tu boca, te preguntaste ¿por qué lo hice? ¿Alguna vez has causado daño a alguien? No siempre estamos conscientes de las razones por las que actuamos. Sin embargo, la meditación puede aumentar la conciencia y la compresión de uno mismo y de los demás.

Te permite abrir tu corazón al amor y al perdón. Se puede estar más abierto al amor incondicional, al perdón y a la compasión mediante la meditación. Aunque tiene la capacidad de mostrar el amor, el perdón y la compasión a los demás, es posible que descubra que primero debe mostrarlo a sí mismo. La meditación puede "limpiarte" a través del perdón, dejando atrás todos los dolores y heridas de tu vida.

Tiene la capacidad de ver el "panorama general". Los humanos somos egoístas porque siempre vemos las cosas desde una perspectiva que nos gusta. Cuando meditas, te vuelves más consciente de ti mismo y pronto comprendes que solo eres una pequeña parte del Universo.

Sin embargo, verás que estás conectado con todos y con todo, y si hieres a alguien, en realidad hieres a ti mismo. Verás el panorama general y cómo las cosas más pequeñas que haces tienen un impacto en los demás.

Deja atrás tu orgullo. La meditación puede ayudarlo a superar sus problemas de ego. Es posible que comiences por darse cuenta de que el dinero, las posesiones y otros bienes materiales no son tan importantes y solo sirven para satisfacer tu orgullo. A medida que lo dejas atrás, aprenderás lo que realmente importa en la vida. que nos brinda las siguientes ventajas...

Te ayuda an encontrar tu propósito y razón de ser. Muchos de nosotros deseamos adquirir el automóvil de alta gama y la enorme casa rodeada de la cerca blanca. Para obtener estas cosas, vamos a la universidad para obtener el título correcto y conseguir el trabajo "correcto".

Sin embargo, cuando comienzas a meditar, descubrirás que tus deseos por esta clase de cosas materiales se desvanecen. De repente, tu objetivo principal ya no es obtener tanto dinero y bienes matcriales como sea posible. Te encontrarás motivado a cambiar el mundo, a contribuir y a hacer algo significativo en tu vida. Por supuesto, siguiendo el objetivo de tu vida, bien podrías volverte rico. Pero mientras la mayoría de las personas trabajan solo para ganar dinero, lo que haces te importará más que cualquier dinero.

Abre tu mente an experiencias nuevas. Nos ponemos objetivos a veces, pero también queremos controlar la manera en que los logramos. Comenzará a ver que hay más de un camino para lograr cualquier meta si medita regularmente. Y gracias a tu mente abierta y a tu elevado sentido de la conciencia, verás puertas que se abren y oportunidades que se presentan solas.

Te calma. Aunque ya lo mencioné anteriormente, es importante recordar que la meditación calma la mente y ayuda a lograr una sensación de paz y bienestar general.

Reflexiona

Recientemente has descubierto los beneficios de la meditación para la salud física, emocional, psicológica y espiritual. Además, has aprendido que la mayoría de estos beneficios no se obtienen de inmediato. Es un proceso lento. Pero cuanto más regularmente medites, más feliz y saldable te sentirás. Ahora que sabes cómo la meditación puede ayudarte, veamos los diferentes tipos de meditación que puedes hacer.

www.ingramcontent.com/pod-product-compliance
Lightning Source LLC
Chambersburg PA
CBHW050245120526
44590CB00016B/2228